Max Treutmann

Darstellung und Beurteilung des Kantschen Pflichtbegriffs

Max Treutmann

Darstellung und Beurteilung des Kantschen Pflichtbegriffs

ISBN/EAN: 9783743649033

Hergestellt in Europa, USA, Kanada, Australien, Japan

Cover: Foto ©ninafisch / pixelio.de

Weitere Bücher finden Sie auf **www.hansebooks.com**

Inaugural-Dissertation

zur

Erlangung der Doctorwürde

der

philosophischen Facultät

der

Universität Erlangen

vorgelegt

von

Max Treutmann.

Marienburg.
Druck von L. Giesow.
1888.

Seiner

teuern Gattin

MARIA geb. DEGEN

gewidmet

vom Verfasser.

———

Darstellung und Beurteilung
des Kantschen Pflichtbegriffs.

———

Bei der Darstellung des Kantschen Pflichtbegriffs bieten sich deshalb grosse Schwierigkeiten dar, weil Kant an verschiedenen Stellen und in verschiedenem Zusammenhange denselben behandelt und ihn nicht in ununterbrochenem Zusammenhange nach seinen verschiedenen Merkmalen und Beziehungen zu anderen ethischen Begriffen näher entwickelt hat. Es kommt also darauf an, diese verschiedenen Aeusserungen Kants auf die schlechthin notwendigen Merkmale des Begriffs zurückzuführen und die daraus hervorgehenden Verhältnisse zu anderen Begriffen klar zu legen. Als besonders ergiebige Quellen, an denen uns der Weg bei der Wanderung durch die Werke Kants vorüberführt, und die uns zu längerem Verweilen nötigen, müssen wir die „Grundlegung zur Metaphysik der Sitten," die „Kritik der praktischen Vernunft", die „Religion innerhalb der Grenzen der blossen Vernunft" und „die Metaphysik der Sitten, I. Rechtslehre, II. Tugendlehre" betrachten. [1]

———

[1] Immanuel Kants Werke. Herausgegeben von Carl Rosenkranz und Friedrich Wilhelm Schubert. Leipzig 1838.
VIII. Teil. Grundlegung zur Metaphysik der Sitten und Kritik der praktischen Vernunft. Leipzig 1838.
IX. Teil. Metaphysik der Sitten in zwei Teilen. I. Rechtslehre, II. Tugendlehre. Leipzig 1838.
X. Teil. Religion innerhalb der Grenzen der blossen Vernunft. Leipzig 1838.

Wie es bei jedem Bau darauf ankommt, ein festes Fundament zu legen, welches denselben auch bei Stürmen und Ungewittern zu tragen vermag, so musste es auch die Aufgabe Kants sein, um den Bau einer Ethik auf unerschütterlichen Grundlagen zu unternehmen, ein Moralprinzip zu finden. Diese Absicht verfolgt Kant besonders in der „Metaphysik der Sitten "

„Bevor Kant an die Aufstellung allgemein gültiger Sittengesetze und Rechtssätze geht, schreitet er zur Beantwortung der für die wissenschaftliche Begründung der Ethik notwendigen Vorfragen: ob es überhaupt eine sittliche Welt giebt im Unterschiede von der natürlichen, ob das menschliche Handeln sich nach andern Gesetzen vollzieht, als die sind, denen der Naturlauf gehorcht. Dass nun jede Handlung nach einem bestimmten Gesetze überhaupt ausgeführt wird, ist eine bekannte Thatsache, aus der sich zunächst ergiebt, dass es auch ein Vermögen geben muss, welches die Ausführung von Handlungen nach diesem Gesetze möglich macht. Worin besteht nun dieses Vermögen der mit Vernunft begabten Menschen, welches deren Handlungen zu sittlichen macht oder mit anderen Worten: Worin besteht die Moralität und wie ist sie möglich?" [2])

„Auf welchem Gebiete müssen wir das Moralprincip suchen? Dies ist die erste Frage, die an uns herantritt. Da bieten sich nun zwei Möglichkeiten dar: entweder in dem unermesslichen Reiche der Erfahrung und der äussern Welt teils Princip, teils Ziel unseres Handelns oder aber sie auf der Tiefe des geistigen Lebens und in den Tiefen und den höchsten Aufgaben unseres eigenen Ichs zu suchen."

„Was uns zunächst liegt, was uns stets umgiebt, dem wir nicht einen Augenblick entfliehen können, das ist das Gebiet der Empirie, der äussern, mit den Sinnen wahrnehmbaren Welt. Tagtäglich, ja fast in jedem Augenblicke unsers Lebens haben wir Gelegenheit, das Treiben und Thun unse-

2) Dr. Schramm. „Kants kategorischer Imperativ nach seiner Genesis und Bedeutung für die Wissenschaft.' Bamberg 1873 pag. 45.

rer Mitmenschen zu beobachten, wie der eine dies, der andere
jenes unternimmt, der eine so, der andere auf andere Weise
zu handeln gewohnt ist, alle möglichen Thaten werden unsern
Blicken geboten, so dass wir zwischen den verschiedenarti-
gen Vergleichung anstellen, die gleichartigen zusammenfassen können. Aber können wir aus der Erfahrung abnehmen, welche Handlungen unserer Nachahmung wert sind,
welche nicht, was gut, was böse ist? Könnten wir es, so
hätten wir unsern Zweck erreicht, aber wir können es nicht;
es fehlt uns jeder Massstab, nach welchem wir die That beurteilen können. Von Beispielen die Sittlichkeit zu entlehnen,
ist gänzlich unmöglich, denn jedes Beispiel, das uns davon
vorgestellt wird, muss selbst zuvor nach Prinzipien der Moralität beurteilt worden, ob es auch würdig sei, zum ursprünglichen Beispiele d. i. zum Muster zu dienen, keineswegs aber
kann es den Begriff derselben zu oberst an die Hand geben." [3])

"Aber das ist es nicht allein, was die Hoffnung, von
der Empirie unsern Wunsch realisiert zu sehen, zu Schanden
macht. Ein oberstes Princip der Moral muss vor allem der
Forderung genügen, eine solche Allgemeinheit zu besitzen,
dass es nicht allein auf uns, die Bewohner dieses Weltkör-
pers, sondern auf alle vernünftige Wesen ohne Ausnahme
Anwendung findet Mögen wir aber die Beispiele, welche
die Erfahrung uns bietet, noch so sorgfältig sammeln, ja
mögen wir die Induction, was rein unmöglich ist, bis zu dem
Punkt vervollständigen, dass auch nicht ein einziges Beispiel
unserem Fleisse entgeht, nimmermehr wird es uns gelingen,
das Ergebnis unseres Fleisses auch auf die vernünftigen
Wesen auszudehnen, welche nicht dieser, sondern anderen
Welten angehören könnten. Denn mit welchem Recht könn-

---

3) Ad. Bartsch. „Die Grundprincipien der Kantschen Ethik
und das Christentum." Wiss. Beilage zum Programm des Gymnasiums zu Sorau. Ostern 1884, Progr. 85, pag. 7.
Kants „Grundlegung zur Metaphysik der Sitten" ed. Rosenkranz
und Schubert. Teil VIII, Abschnitt II, pag. 31.
Friedrich Oelze. „Kants ethisches Princip und die Lehre des
neuen Testaments." Abhandlung zu dem Programm des Wittenberger
Gymnasiums. Ostern 1882. Progr. Nr. 228.

ten wir das, was unter den zufälligen Bedingungen der
Menschheit gültig ist, als allgemeine Vorschrift für jedes
vernünftige Wesen zur unbeschränkten Geltung bringen?" [4])
Wir sehen schon hieraus die Unmöglichkeit ein, die
Erfahrung zum Ausgangspunkt zu nehmen, wenn es gilt,
ein oberstes Moralprincip zu finden; aber auch in anderer
Rücksicht ist es nicht weniger misslich auf die Erfahrung
zu bauen. Kant nennt die Regel des Handelnden, die er
sich selbst aus subjectiven Gründen zum Princip macht,
Maxime, das objective Gesetz dagegen, das in der Vernunft
selbst begründet ist, das practische Gesetz." [5]) Alle Gegenstände, die unsere Begierden und Neigungen zu besitzen
streben, sind insgesamt empirisch: es kann von keiner
Vorstellung irgend eines Gegenstandes, welche sie auch sei,
a priori erkannt werden, ob sie mit Lust oder Unlust verbunden oder indifferent sein werde Lust und Unlust können
nicht für alle vernünftige Wesen in gleicher Weise gültig
sein, deshalb auch nicht zu einem Gesetz dienen und kein
practisches Princip abgeben Denn unter welches Princip
werden wir alle Handlungen, die unsere Neigungen uns gebieten, zu stellen haben, welches Ziel liegt allen zu Grunde?
Es ist kein anderes, als unser Leben so angenehm wie möglich zu machen, alles zu vermeiden, was uns schaden kann,
dagegen alle Hebel anzusetzen, um der Vorteile und An-
nehmlichkeiten so viele als möglich zu erjagen, es ist mit
einem Worte die Selbstliebe oder die Glückseligkeit, die wir
nie aus den Augen lassen, und die nach Kant in dem Bewusstsein eines vernünftigen Wesens von der Annehmlichkeit
des Lebens besteht, die ununterbrochen sein ganzes Da-
sein begleitet. [6]) Eine ähnliche Definition der Glückselig-

4) Ad. Bartsch. „Grundprincipien u. s. w." pag. 8.
5) Kants „Metaphysische Anfangsgründe der Rechtslehre" ed.
Rosenkranz und Schubert IX. Teil. Einleitung in die Metaphysik
der Sitten. IV Vorbegriffe zur Metaphysik der Sitten. pag. 26.
VIII. Teil. „Kritik der praktischen Vernunft". I. Buch. § 1. pag. 125.
6) „Kants Kritik der praktischen Vernunft." ed. Rosenkranz
und Schubert. VIII. Teil. II. Buch. I. Hauptstück. § 3. Lehrsatz II. pag. 129.

keit finden wir an einer andern Stelle, wo es heisst: „Glückseligkeit ist der Zustand eines vernünftigen Wesens in der
Welt, dem es, im Ganzen seiner Existenz, alles nach Wunsch
und Willen geht." [7]
„Aber kann die Glückseligkeit ein objectives Princip
sein? Gewiss nicht. Nicht ein Gesetz gebietet, sondern die
Lust, die vor dem Gesetz vorhergeht, damit die That ge-
schehe. Wie könnte auch die Glückseligkeit ein allgemeines Gesetz werden, das für alle vernünftige Wesen gleiche
Geltung hat? Sind denn die Menschen über die Glückseligkeit einig? Streiten sie nicht vielmehr über diese mehr
denn über alles, indem der eine sie darin setzt, worin ein
anderer gerade das Gegenteil sieht? Der Wille aber hat
nicht ein und dasselbe Objekt, sondern ein jeder hat das
seinige, [sein eigenes Wohlbefinden,] welches sich zwar zu-
fälligerweise auch mit den Absichten anderer vertragen kann,
aber lange nicht zu einem Gesetz hinreichend ist, weil die
Ausnahmen, die man gelegentlich zu machen befugt ist, end-
los sind und gar nicht bestimmt in eine allgemeine Regel
gefasst werden können." [8] „Worin jeder seine Glückseligkeit zu setzen habe, kommt auf Jedes sein besonderes Gefühl der Lust und Unlust an, und selbst in einem und demselben Subjekt auf die Verschiedenheit der Bedürfnisse
nach den Abänderungen dieses Gefühls." [9] „Also nicht
einmal ein und derselbe Mensch ist zu allen Zeiten derselben Ansicht über die Glückseligkeit; die verschiedenen
Lebenslagen und Verhältnisse, in denen er sich befindet,
bestimmen ihn leicht zu einer anderen Ansicht. Aber auch
deshalb kann die Glückseligkeit kein allgemeines Gesetz
sein, weil die Uebereinstimmung der Objekte den Zwiespalt

7) Kants „Kritik der praktischen Vernunft" ed. Rosenkranz u.
Schubert VIII. Teil. II. Buch. II. Hauptstück. V. pag. 264.
cf. Bartsch. „l. c." pag 8.
8) Kants „Kr. d. prakt. V." ed. R. u. Sch. VIII. Teil. I. Buch.
I. Hauptstück. § 4. Anm. pag 138.
cf. Bartsch. „l. c." pag. 8.
9) Kants „Kr. d. prakt. V." ed. R. u. Sch. VIII. Teil.
I. Buch. I. Hauptstück. § 3. Anm. II. pag. 134.

der Subjekte wach ruft. Und gesetzt auch, alle vernünftigen
Wesen stimmten zu gewissen Zeiten mit einander überein,
so dass dieselben Gegenstände Objekte ihrer Lust und
Unlust wären, wer will dafür bürgen, dass es nicht der
blosse Zufall so mit sich gebracht, dass nicht schon die
nächste Zukunft den Zankapfel in ihre Mitte werfen und
die grösste Zwietracht unter sie säen werde? Wer wollte die
Ansicht verfechten, dass die Notwendigkeit die Stifterin
solcher Harmonie sei? Alles Zufällige und Subjektive ist
empirisch und somit nicht ausreichend, wo es sich um ein
Moralprincip handelt, das unveränderlich bei allen Stürmen
ungebeugt in ewiger Erhabenheit dastehen muss. Kant führt
ein Beispiel an, um zu zeigen, wohin das Princip der Glückseligkeit führen würde, wenn es als allgemeines Gesetz
Beifall fände. Es setzt jemand die Glückseligkeit in den
Besitz eines grossen Vermögens und ist bemüht, dasselbe
auf alle Weise zu vergrössern. Ein Depositum ist in seinen
Händen, dessen Eigentümer tot ist, ohne eine Handschrift
über das Depositum hinterlassen zu haben. Er leugnet also
das Depositum ab, da ihm niemand die Niederlegung desselben beweisen kann. Nun fragt es sich, ob es möglich
sei, dass diese seine Maxime zu einem allgemeinen Gesetze
erhoben werde. Es muss verneint werden. Denn ein
solches Princip als Gesetz würde sich selbst vernichten, es
würde das Wort Depositum gänzlich aus dem Lexikon
streichen, indem es gar kein Depositum mehr geben könnte." [10])
　　Das Princip der Eudaemonie, in dem weder Notwendigkeit noch Allgemeingültigkeit angetroffen wird, indem es
jedem einzelnen überlassen bleibt zu bestimmen, was er nach
seiner Neigung zur Glückseligkeit zählen will, ist also nicht
tauglich, ein allgemeines Moralprincip zu werden. Wie in
der Moral, so kann auch im Staatsrecht das Princip der
Glückseligkeit viel Böses anrichten. Die Zeitumstände
und die Verschiedenheit der Glückseligkeit macht alle

　10) Kants „Kr. d prakt. V." ed. R. u. Sch. VIII. Teil. I. Buch.
1. Hauptstück. § 4. Anm. pag. 138. — cf. Bartsch. „l. c." pag. 8 u. 9.

festen Grundsätze unmöglich: nicht von der aus ihrer Be-
folguug zu erwartenden Wohlfahrt und Glückseligkoit eines
jeden Staatos als dem obersten Princip der Staatsweishoit,
sondern von dem reinen Begriff der Rechtspflege, vom
Sollen, müssen die politischen Maximen ausgehen. Das
Widerstandsrecht spricht Kant den Bürgern ab, dagegen
fordert er ungehinderte Meinungsäusserung und hofft von der
Publicität die Heilung aller politischen Uebel. [11])

„Aber auch nicht einmal dann, wenn unsere Zwecke
auf fremde Glückseligkeit gerichtet sind, ergiebt sich ein
gültiges Moralprincip. Denn eine Handlung muss zuvor an
sich selbst nach dem moralischen Gesetz abgewogen werden,
ehe sie auf die Glückseligkeit anderer gerichtet wird. Dieser
ihre Beförderung ist also nur bedingter Weise Pflicht und
kann nicht zum obersten Princip moralischer Maximen
dienen." [12])

„Diese eudämonistische Moral, welche das Streben
nach der Glückseligkeit mit der Tugend identificirt, ist weit
entfernt ein oberstes Princip werden zu können, sondern sie
ist vielmehr gerade die verwerflichste, schon deshalb, weil
die Erfahrung ihr widerspricht. Es ist Thatsache, dass
das Wohlbefinden sich keineswegs nach dem Wohlverhalten
richtet, sondern oft der Tugendhafte viel weniger glücklich
ist als der Lasterhafte. Ausserdem trägt es auch ganz und
gar nichts zur Gründung der Sittlichkeit bei, denn es ist
ganz etwas Anderes, einen glücklichen als einen guten
Menschen, und diesen klug und auf seinen Vorteil abge-
witzt, als ihn tugendhaft zu machen." [13])

„Was aber das schlimmste ist, das Princip der Glückseligkeit legt der Sittlichkeit geradezu Triebfedern unter,
die geeignet sind, ihre ganze Erhabenheit zu untergraben
und zu vernichten dadurch, dass sie Tugend und Laster

---

11) cf. Bartsch. „l. c." pag. 9.
12) Kants „die Religion innerhalb der Grenzen der blossen Vernunft" ed. R. u. Sch. X. Teil. I. Stück. Allg. Anm. pag 50—60.
13) Kants „Grundlegung zur Metaphysik der Sitten" ed. R. u.
Sch. Teil VIII. II. Abschnitt. pag. 74.

vollständig gleichstellt und es ihr nur darauf ankommt, beide
zur Erreichung der Glückseligkeit in Dienst zu nohmen.
Denn dass die Wahl einer guten oder bösen That nur in
der Zweckmässigkeit ihre Wurzel hat, leuchtet von selbst
ein, da ich bald durch ein Laster meine Glückseligkeit oder
einen höheren Grad derselben zu erreichen hoffe." [14])

Ebenso verhält es sich mit den moralischen Gefühlen,
die dem Grade nach von Natur unendlich verschieden von
einander sind, bei dem einen in hohem, bei dem anderen in
niederem Grade ausgebildet, so dass sie deshalb unmöglich
einen Massstab des Guten und Bösen abgeben können." [15])

„Aber worin liegt es, so werden wir fragen, dass wir
diese Prinzipien als unechte zurückweisen müssen? Sofern
der Wille sich solchen Prinzipien hingiebt, dass er nämlich
in der Beschaffenheit irgend eines seiner Objekte das Gesetz
sucht, das ihn bestimmen soll, so ist er allemal heteronomisch
d. h. er giebt sich nicht selbst das Gesetz, sondern lässt
sich von empirischen natürlichen Zwecken bestimmen: er soll
etwas thun darum, weil er etwas Anderes will. Dass aber
diese Heteronomie gar keine Verbindlichkeit enthalte, sieht
jeder ohne Weiteres ein. Sobald ich den Zweck aufgebe,
fällt auch die That, die ich um des Zweckes willen im Auge
hatte, in nichts zusammen, der Imperativ hört auf seinen
Befehl an mich zu richten. Einen solchen Imperativ, der
nur bedingungsweise d. h. so lange als ich einen Zweck
festhalte, seine Kraft behält, kann man einen hypothetischen
nennen und zwar entweder einen problematischen oder
einen assertorischen, je nachdem die Handlung zu irgend
einer möglichen oder wirklichen Absicht gut ist." [16])

„Solcher Imperative giebt es unendlich viele, da alle
Wissenschaften irgend einen praktischen Teil haben, der
aus Aufgaben besteht, dass irgend ein Zweck für uns

---

14) Ad. Bartsch. „Die Grundprincipien u. s w." pag. 9.
15) Kants „Grundlegung u. s. w." ed. R. u. Sch. Teil VIII.
pag. 74. — Ad. Bartsch. „l. c." pag. 9.
16) „Kants Grundlegung u. s. w." ed. R. u. Sch. Teil VIII.
pag. 38 u. 39. — Ad. Bartsch. „l. c." pag. 10.

möglich sei, und aus Imperativen, wie er erreicht werden
könne. Aber wie wenig Imperative dieser Art sich auf
Sittlichkeit gründen, lässt sich daraus abnehmen, dass es
völlig gleichgültig ist, ob der Zweck vernünftig und gut ist
oder nicht Kants Beispiele zeigen dies auf das Evidenteste.
Die Vorschriften für den Arzt, um seinen Mann auf gründ-
liche Art gesund zu machen, und für einen Giftmischer, um
ihn sicher zu töten, sind insofern von gleichem Wert,
als eine jede dazu dient, ihre Absicht vollkommen zu
bewirken." [17]

„Wo wir also im Gebiete der Erfahrung den Spaten
ansetzen mögen, überall stossen wir auf unnützes Gestein,
welches das nicht zu leisten imstande ist, was wir von dem
begehrten Kleinod erwarten müssen. Da materiale Bestimmungsgründe nicht für alle vernünftigen Wesen Verbindlichkeit haben, so sehen wir uns auf das Gebiet der Vernunft
verwiesen. Zwei rationale Gründe der Sittlichkeit finden
wir bereits vor, so dass es uns obliegt, nach Prüfung beider
uns für einen von beiden zu entscheiden oder beide ab-
zuweisen: es ist der der Vollkommenheit und der
theologische." [18]

„Wenn unter dem ersten Bestimmungsgrund nicht
schon der moralische zu verstehen ist, so müssen wir uns
unter der Vollkommenheit die Naturvollkommenheit des
Menschen denken, sofern sie einer Erhöhung fähig ist, mag
diese als Geschicklichkeit in Künsten und Wissenschaften,
in Geschmack oder in Gewandtheit des Körpers bestehen.
Aber alles dies ist jederzeit nur bedingter Weise gut, nämlich unter der Bedingung, dass ihr Gebrauch dem moralischen
Gesetze nicht widerspricht Aber da uns der Massstab der
Beurteilung fehlt, so kann dieser Bestimmungsgrund nicht
Prinzip der Pflichtbegriffe sein." [19]

17) Kants „Grundlegung u s. w." ed. R. u. Sch. Teil VIII.
pag. 39.
18) Ad. Bartsch „l c." pag. 10.
19) Kants „Die Religion innerhalb der Grenzen u. s. w." ed.
R. u. Sch. Teil X. pag. 4. Kleingedrucktes.

„Es bleibt uns demnach nur noch der theologische Vernunftgrund zur Beurteilung übrig, der die Sittlichkeit von einem göttlichen allervollkommensten Willen ableitet Ihm sollen wir folgen, weil er als Sohn des höchsten Wesens an uns seine Befehle richtet. Aber es ist nicht schwer zu erkennen, dass auch dieser Begriff weit entfernt ist von der Möglichkeit, ein oberstes Moralprinzip abzugeben, weil wir garnicht imstande sind, die Vollkommenheit des allerhöchsten Willens anzuschauen, sondern immer gezwungen werden, sie von unseru Begriffen, unter denen der der Sittlichkeit der vornehmste ist, allein abzuleiten." [20]) Da beide Begriffe uns also nicht befriedigen, so sind wir genötigt, uns im Gebiete der Vernunft selbst umzusehen.

Um der Ethik ihren wahren und sicheren Boden anzu-weisen, stellt Kant an die Spitze seiner „Grundlegung" den Satz: „Es ist überall nichts in der Welt, ja überhaupt auch ausser derselben zu denken möglich, was ohne Einschränkung für gut könnte gehalten werden, als allein ein guter Wille." [21]) Nur auf ihn gründe sich daher der Wert der Personen und die ihnen zukommende Achtung, während Sachen höchstens unsere (subjektiv bedingte) Neigung erwecken können. „Im Reiche der Zwecke hat alles entweder einen Preis oder eine Würde. Was einen Preis hat, an dessen Stelle kann auch etwas Anderes als Aequivalent gesetzt werden; was dagegen über allen Preis erhaben ist, mithin kein Aequivalent verstattet, das hat eine Würde. . . . Was sich auf die allgemein-menschlichen Bedürfnisse be-zieht, hat einen Marktpreis (Geschicklichkeit, Fleiss u. s. w.); das, was, auch ohne ein Bedürfnis vorauszusetzen, einem gewissen Geschmacke d. i. einem Wohlgefallen am blossen zwecklosen Spiele unserer Gemütskräfte, gemäss ist, einen Affectionspreis (Witz, Einbildungskraft u. dergl.); das aber, was die Bedingung ausmacht, unter der allein etwas

---

20) Kants „Grundlegung u. s. w." ed. R. u. Sch. Teil VIII. pag. 75.
21) Kants „Grundlegung u. s. w." ed. R. u. Sch. Teil VIII. I. Abschnitt. pag. 11.

Zwock an sich selbst sein kann, hat nicht bloss einen relativen Wert d. i. oinen Preis, sondern einen inneren Wert d. i. eine Würde (Treue, Wohlwollen u. s. w.). Nun ist Moralität (ein guter Wille) die Bedingung, unter der allein ein vernünftiges Wesen Zweck an sich selbst sein kann weil nur durch sie es möglich ist, ein gesetzgebendes Glied im Reiche der Zwecke zu sein. Also ist Sittlichkeit und die Monschheit, sofern sie derselben fähig ist, dasjenige, was allein Würde hat. Die Natur sowohl als die Kunst enthalten nichts, was sie in Ermangelung derselben an ihre Stelle setzen könnten; denn ihr Wert besteht nicht in den Wirkungen, die daraus entspringen, im Vorteil und Nutzen, den sie schaffen, sondern in den Gesinnungen d. i. den Maximen des Willens." [22])

Nachdem er so vor allen Dingen den Gegenstand der sittlichen Wertschätzung überhaupt genau bestimmt hat, zeigt er, dass das, was einen guten Willen zu einem guten macht, nicht seine Tauglichkeit zur Erreichung irgend eines Zwekes, nicht die Befriedigung irgend einer Neigung, kurz nichts Aeusserliches, nichts von aussen Kommendes sei, sondern allein die Beschaffenheit des Willens selbst. Der Wert des guten Willens ist ein absoluter, „er glänzt wie ein Juwel für sich selbst, als etwas, das seinen vollen Wert in sich selbst hat." [23])

Kant untersucht dann, was die Natur für eine Absicht gehabt habe, dem Willen Vernunft als Regiererin beizulegen. [24]) Dies könne nicht geschehen sein um der Glückseligkeit willen, denn dieser Zweck werde garnicht erreicht, vielmehr das Gegenteil; also müsse die Vernunft zu einer viel würdigeren Absicht beigegeben sein, nämlich „einen an sich

22) Dr. Friedrich Dittes „Ueber den Eudaemonismus". Leipzig 1860. pag. 125 und 126.
23) Kants „Grundlegung u. s. w." ed. R. u. Sch. Teil VIII. pag. 12.
24) Kants „Grundl. u. s. w." ed. R. u. Sch Teil VIII. pag. 13. Dr. E. M. Friedrich Zange. „Ueber das Fundament der Ethik" Gekrönte Preisschrift. Leipzig 1872. cf. § 4. Kants Ableitung des Begriffs des Sittlichguten. pag. 19 fgl.

selbst guten Willen hervorzubringen". [25]) Nun kehrt Kant zu dem eigentlichen Gegenstande seiner Untersuchung zurück und sagt: „Um aber den Begriff eines an sich selbst hochzuschätzenden und ohne weitere Absicht guten Willens, so wie er schon dem natürlichen gesunden Verstande beiwohnt und nicht sowohl gelehrt, als vielmehr nur aufgeklärt zu werden bedarf, diesen Begriff, der in der Schätzung des ganzen Wertes unserer Handlungen immer obenan steht und die Bedingung alles Uebrigen ausmacht, zu entwickeln: wollen wir den Begriff der Pflicht vor uns nehmen, der den eines guten Willens, obzwar unter gewissen subjektiven Einschränkungen und Hindernissen, enthält, die aber doch, weit gefehlt, dass sie ihn verstecken und unkenntlich machen sollten, ihn vielmehr durch Abstechung heben und desto heller hervorscheinen lassen." [26])

Kant übergeht nun alle pflichtwidrigen Handlungen, sowie auch die, zu welchen der Mensch unmittelbar keine Neigung hat, sie aber zur Befriedigung anderer Neigungen, also aus Egoismus thut; denn diese gehörten selbstverständlich nicht zu den guten Handlungen; er wendet sich vielmehr zu den pflichtmässigen Handlungen, zu welchen „das Subjekt noch überdies unmittelbar Neigung hat", [27]) um diese auf ihren rein sittlichen Wert zu untersuchen. Diese Untersuchung führt ihn zu seinem ersten Hauptsatze: „dass eine Handlung erst dann eigentlich moralischen Wert habe, wenn sie nicht aus Neigung, sondern aus Pflicht geschehen sei" [28]) d. h. die Neigung dürfe nicht der bestimmende Beweggrund für den sich zum wirklichen Handeln entscheidenden Willen sein, sondern die Pflicht. Denn „Liebe als Neigung kann nicht geboten werden, aber Wohlthun aus Pflicht". [29])

Der zweite Satz lautet: „Eine Handlung aus Pflicht hat ihren moralischen Wert nicht in der Absicht, welche

---

25) Kants „Grundl. u. s. w." ed. R. u. Sch. Teil VIII. pag. 15.
26) dito. dito. pag. 16.
27) dito. dito. pag. 16.
28) dito. dito. pag. 18 u. 19.
29) dito. dito. pag. 19.

dadurch erreicht werden soll, sondern in der Maxime, nach
der sie beschlossen wird," ³⁰) d. h. soll eine Handlung
wirklich aus Pflicht geschehen sein, so darf von den beiden
Ursachen, welche den Willen zustande bringen: der materiellen
Triebfeder a posteriori und dem formellen Princip a priori,
nicht die erstere den Entschluss, wirklich zu handeln, bestimmen, sondern das letztere. Das Objekt kann den Willen
nicht zu einem guten machen weder durch die Begierde noch
durch die Neigung, die es erweckt. Um aber zu einer positiven Antwort auf die Frage, worin der eigentlich moralische
Wert des Willens gelegen sei, zu gelangen, unterscheidet er
zwischen der materiellen Triebfeder a posteriori und dem
formellen Princip a priori, als welche beide die notwendigen
Voraussetzungen zur Entstehung eines Willens sind, und sagt,
dass das letztere den Willen bestimmen müsse, damit ein
guter Wille entstehe. Indem er nun dieses Princip a priori
näher bestimmt als die „Achtung fürs Gesetz", fasst er das
positive Resultat kurz zusammen in den dritten Hauptsatz:
„Pflicht ist Notwendigkeit einer Handlung aus Achtung fürs
Gesetz." ³¹) Das Princip a priori ist also hiernach „objektiv,
das Gesetz, und subjektiv, reine Achtung für dieses praktische Gesetz, mithin die Maxime, einem solchen Gesetze,
selbst mit Abbruch aller meiner Neigungen, Folge zu
leisten." ³²).

Hiernach folgt schliesslich eine Erklärung: „Was das
wohl für ein Gesetz sein könne, dessen Vorstellung, auch
ohne auf die daraus erwartete Wirkung Rücksicht zu nehmen,
den Willen bestimmen müsse, damit dieser schlechterdings
und ohne Einschränkung gut heissen könne?" ³³).

Kant antwortet seiner Frage entsprechend nicht durch
Angabe des Gesetzes selbst, sondern durch Angabe der Beschaffenheit desselben: „Es muss ein allgemein gültiges Gesetz
sein, ohne irgend ein auf gewisse Handlungen bestimmtes

30) Kants „Grundl. u. s. w." ed. R. u. Sch. Teil VIII. pag. 19.
31)   dito.   dito.   pag. 20.
32)   dito.   dito.   pag. 20 u. 21.
33)   dito.   dito.   pag. 22.

Gesetz zum Grunde zu legen, ist es die allgemeine Gesetzmässigkeit, welche dem Willen allein zum Princip dienen soll." ³⁴).

So gelangt Kant zu dem Grundsatze: „Verfahre niemals
ander . als so, dass Du auch wollen kannst, Deine Maxime
solle ein allgemeines Gesetz werden." ³⁵) Dieses Princip,
beim Zustandekommen eines Willensaktes stets dem allgemeingültigen Gesetze die eigentliche Entscheidung zu überlassen,
ist „der Kompass, mit welchem in der Hand die gemeine
Menschenvernunft in allen vorkommenden Fällen sehr gut
Bescheid wisse, zu entscheiden, was gut, was böse, pflichtmässig oder pflichtwidrig sei." ³⁶) Denselben Grundsatz
finden wir in Kants „Kritik der praktischen Vernunft", wo
es heisst: „Handle so, dass die Maxime Deines Willens
jederzeit zugleich als Princip einer allgemeinen Gesetzgebung
gelten könne." ³⁷) Kant führt dann in derselben Kritik der
praktischen Vernunft weiter aus: „Das Bewusstsein dieses
Grundgesetzes ist das einzige Faktum der reinen Vernunft,
die sich dadurch als ursprünglich gesetzgebend [sic volo, sic
jubeo] ankündigt. Es liegt als Faktum in jedem schlichten
Menschenurteil über Moralisch-Gutes und Böses. Denn
immer wird man in diesen Urteilen finden, dass, was auch
immerhin Neigung dazwischensprechen mag, die Vernunft
dennoch, unbestechlich und durch sich selbst gezwungen, die
vorliegende moralische oder unmoralische Handlung an den
reinen d. h. an den von Begierde und Leidenschaft un-
afficierten Willen halte, oder welches einerlei ist, an sich
selbst, indem sie sich a priori praktisch (oder gesetzgebend)
betrachtet. ³⁸) Eben wegen dieses unbedingten, von aller
Begierde und Leidenschaft und überhaupt von allem, was
empirisch auf den Willen einfliessen kann, unabhängigen

---

34) Kants Grundl. u. s. w. ed. R. u. Sch. Teil VIII. pag. 22.
35)   dito.   dito.   pag. 22.
36)   dito   dito.   pag. 24 u 25.
Zange „Ueber das Fundament der Ethik" Leipzig 1872 pag. 19 fgl.
37) Kants „Kritik der praktischen Vernunft" ed. R. u. Sch.
Leipzig 1838 Teil VIII. § 7. pag. 141.
38) Kants „Kritik der praktischen Vernunft" ed. R. u. Sch.
Leipzig 1838 Teil VIII. § 7. Anm. u. Folgerung nebst Anm. pag.
142 u. 143.

Gebots, womit die praktische Vernunft jenes ihr Grundgesetz und mit diesem zugleich alle Pflichtgebote überhaupt aussagt, ist folgender Satz ein Axiom der Moral: „Die Autonomie des Willens d. h. die Reinheit und Lauterkeit desselben von aller Begierde und Leidenschaft, und unbedingter Gehorsam gegen das unbedingte Pflichtgebot seiner selbst ist das alleinige Princip aller moralischen Handlungen und der ihnen gemässen Pflichten." [39])

Die grosse Aufgabe der Kritik der praktischen Vernunft ist diese: Wie sind synthetisch-praktische Sätze a priori — oder unbedingte Pflichtgebote möglich? Das Problem löst der Verfasser also auf: „In dem Begriff eines Willens ist der Begriff der Kausalität schon enthalten, mithin in dem eines reinen Willens der Begriff einer Kausalität mit Freiheit d. i. einer solchen Kausalität, die, da sie einem unbedingten und von aller Erfahrung unabhängigen Pflichtgebot gemäss, unbedingte und durch keine Erfahrungs- oder Natur- u Sinnengesetze bestimmte Handlungen hervorbringen soll, auch von keiner Erfahrung und keinem Natur- oder Sinnengesetze abhängen kann. Und so wird dann durch das moralische Gesetz, als ein Gesetz der Kausalität durch Freiheit, die Idee der Freiheit und mit ihr die Möglichkeit einer übersinnlichen Natur realisiert; — ohne einen, von allen Triebfedern der Sinnlichkeit unabhängigen Willen d. h. ohne Freiheit ist kein kategorisches Pflichtgebot möglich, so wie das Bewusstsein eines solchen kategorischen Pflichtgebots Freiheit notwendig voraussetzt."

Da das Moralgesetz a priori als der von aller Erfahrung und allem Sinnentrieb unabhängige Bestimmungsgrund der moralischen Handlung, mithin diese, als durch reine praktische Vernunft bestimmt, betrachtet werden kann, so ist auch das Urteil, ob etwas ein Gegenstand der reinen praktischen Vernunft sei oder nicht, von aller Vergleichung mit unserem physischen Vermögen z. B. Bedürfnissen, Nei-

---

17) Kants „Kr. d. prakt. V." ed. R. u. Sch. Leipzig 1838. Teil. VIII. pag. 145. § 8. Lehrsatz IV.

gungen, Leidenschaften, Annehmlichkeit u. s w unabhängig,"
Hieraus ergiebt sich folgendes Axiom: „Der Begriff des moralisch Guten u. Bösen muss nicht vor dem moralischen Gesetz, sondern nur nach demselben und durch dasselbe bestimmt werden."
Da das Wesentliche und Einzige aller Bestimmung des
Willens durch das sittliche Gesetz darin besteht, dass er als
freier Wille, mithin nicht bloss ohne Mitwirkung sinnlicher
Antriebe, sondern selbst mit Abweisung aller derselben und
mit Abbruch aller Neigungen, sofern sie jenem Gesetze zu-
wider sein könnten, bloss durchs Gesetz bestimmt werde," [40])
so können und müssen wir allerdings nicht fragen, wie dies
Gesetz für sich und unmittelbar Bestimmungsgrund sein
könne, wohl aber werden wir fragen und erörtern können,
was das moralische Gesetz, als Triebfeder betrachtet, auf das
Gemüt wirkt?

„Das moralische Gesetz thut allen unseren selbstischen
Neigungen Eintrag, namentlich der Vergnüg ngs- oder überhaupt Eigensucht und dem Eigendünkel. Diese Wirkung des
moralischen Gesetzes auf das Gemüt ist dem Gefühl des
Schmerzes ähnlich." „Da aber dieses Gesetz doch etwas
Positives an sich ist, nämlich die Form einer intellektuellen
Kausalität d. i. der Freiheit, so ist es im Gegensatz mit
dem subjektiven Widerspiele, nämlich den Neigungen in uns,
über welche alle es sich durch seinen kategorischen Imperativ erhaben ankündigt, ein Gegenstand der Achtung und
zugleich der höchsten Achtung." [41]) „Also ist Achtung vor
dem moralischen Gesetz ein Gefühl, welches durch einen
intellektuellen Grund gewirkt wird, und dieses Gefühl ist das
einzige, welches wir völlig a priori erkennen, und dessen
Notwendigkeit wir einsehen können." [42]) „Und so ist die
Achtung vor dem Gesetz nicht Triebfeder zur Sittlichkeit,
sondern sie ist die Sittlichkeit selbst, subjektiv als Triebfeder
betrachtet, indem die reine praktische Vernunft dadurch, dass

---

40) Kants „Kr. d. prakt. V." ed. R. u. Sch. Leipzig 1838.
Teil. VIII. III. Hauptstück. pag. 196.
41) Kants „Kr. d. pr V. ed. R. u. Sch. Teil VIII. pag 197.
42) dito. dito. pag 198.

sie der Selbstliebe, im Gegensatze mit ihr, alle Ansprüche abschlägt, dem Gesetze, das jetzt allein Einfluss hat, Ansehen verschafft." [43])

„Die Handlung, die nach diesem Gesetze mit Ausschliessung aller Bestimmungsgründe aus Neigung nach der Vorschrift des moralischen Gesetzes objektiv-praktisch ist, heisst Pflicht; ein Begriff also, der, um dieser Ausschliessung aller sinnlichen Triebfedern willen, praktische Nötigung d. h. Bestimmung zu Handlungen, so ungern, wie sie auch geschehen mögen, enthält." [44]) „Durch das moralische Gesetz also und die der absoluten Reinheit desselben entsprechende Handlung oder Pflicht erhebt sich der Mensch über sich selbst. Und so bildet sich der Begriff der moralischen Persönlichkeit des Menschen, welche nichts anders ist, als die Freiheit und Unabhängigkeit von dem Mechanismus der ganzen Natur, die doch zu gleicher Zeit als ein Vermögen eines Wesens betrachtet wird, welches eigentümlichen, nämlich von seiner eigenen Vernunft gegebenen praktischen Gesetzen (die Person also, als zur Sinnenwelt gehörig, ihrer eigenen Persönlichkeit) unterworfen ist — ein Verhältnis, welches er ohne Zweifel nicht anders als mit Verehrung und die Gesetze desselben mit der höchsten Achtung betrachten muss." [45]) Daher sagen wir dann: „das moralische Gesetz ist heilig (unverletzlich) und steht als das Ideal da, welchem uns zu nähern unser stetes Bestreben sein muss; der Mensch selbst ist zwar unheilig genug, aber die Menschheit in seiner Person muss ihm heilig sein. In der ganzen Schöpfung kann alles, was man will, und worüber man etwas vermag, bloss als Mittel gebraucht werden; nur der Mensch ist Zweck an sich selbst. Er ist nämlich das Subjekt des moralischen Gesetzes, welches heilig ist, und kann als ein solches Subjekt nie einer Absicht unterworfen werden, die nicht nach einem Gesetz, welches aus

---

43) Kants „Kr. d. pr. V." ed. R. u. Sch. Teil VIII. pag. 200 und 201.
44) Kants „Kr d. pr. V." ed. R. u. Sch. Teil VIII. pag. 206 unten
45) Kants „Kr. d pr. V." ed. R. u. Sch. VIII. Teil. pag. 214 unten u. 215 oben. — cf. Bartsch. „Die Grundprincipien u.s.w." pag. 14.

dem Willen des leidenden Subjekts selbst entspringen könnte, möglich ist." [46])

Auch die rein praktische Vernunft hat, wie die spekulative, Ideen. „Denn auch sie sucht zu dem Praktisch-Bedingten das Unbedingte und zwar nicht als Bestimmungs-grund des Willens, sondern wenn dieser auch [im moralischen Gesetze] gegeben worden, die unbedingte Totalität des Gegenstandes der reinen praktischen Vernunft, unter dem Namen des höchsten Gutes." [47]) Dass Tugend die oberste Bedingung alles dessen sei, was uns nur wünschenswert scheinen mag, mithin auch aller unserer Bewerbung um Glückseligkeit, und dem Range nach ein absolutes und insofern das erste und wichtigste Gut sei, ist bisher bewiesen worden. Darum ist sie aber auch nicht das ganze und vollendete Gut als Gegenstand des Begehrungsvermögens vernünftiger endlicher Wesen; denn um das zu sein, wird auch Glückseligkeit erfordert u. zwar von oben der reinen praktischen Vernunft, welche unbedingt das Sittengesetz aussprach. Denn der Glückseligkeit bedürftig zu sein, ihrer auch würdig [durch echte Pflichthandlung] und dennoch derselben nicht teilhaftig werden, kann mit dem vollkommenen Wollen eines vernünftigen Wesens, welches zugleich alle Gewalt hätte [wenn wir uns solches auch nur zum Versuche denken] gar nicht zusammen bestehen. [48])

Demnach bilden Tugend und Glückseligkeit, beide vereint, und zwar Glückseligkeit ganz genau in Proportion der Sittlickkeit, das höchste Gut einer möglichen Welt; — also das ganze, vollendete Gut, doch so, dass Tugend immer als Bedingung das oberste Gut ist, Glückseligkeit aber jederzeit das moralisch-gesetzmässige Verhalten als Bedingung voraussetzt. In dieser Unterredung allein ist das höchste

46) Kant „Kr. d. pr. V." ed. R. u. Sch. Teil. VIII. pag. 215.
47) Kant „K. d. pr. V." ed. R. u. Sch. Teil. VIII. pag. 242. 1I. Buch. Dialektik der reinen Vernunft. I. Hauptstück.
48) Kant „Kr. d. pr. V." ed. R. u. Sch. Teil. VIII. pag. 246 u. 247. II. Buch. II. Hauptstück.

Gut das ganze Objekt der reinen praktischen Vernunft. [49])

Nun müssen wir uns klar machen, in welchem Sinn Kant das viel angewendete Wort „Pflicht" gebraucht hat. Nur der Zusammenhang, in welchem es steht, kann uns darüber vollen Aufschluss geben. Um das allgemeine Merkmal eines guten Willens aufzufinden, tritt Kant mitten hinein in das bunte Getriebe des menschlichen Seelenlebens, betrachtet es, wie es sich zeigt bei der Entstehung eines Willens, notiert die mannigfaltigen Triebfedern, aus welchen er entstehen kann, Begierde, Selbstsucht, Neigung, Pflicht und appelliert an die „gemeine moralische Vernunfterkenntnis," wie er es nennt und erfährt von dieser, dass weder die selbstsüchtigen Handlungen [wenn zum Beispiel der Krämer nicht übervorteilt in der Absicht sich Kundschaft zu erhalten] noch die durch Neigung erzeugten, [wenn der Krämer das Kind redlich bedient, weil er an ihm Gefallen findet] sondern allein die aus Pflicht geschehenen [wenn der Krämer aus dem sittlichen Grundsatze, Jedem das Seinige zu geben, das Kind nicht übervorteilte] [50]) für gut erklärt werden können. Erst nachdem dies geschehen ist, geht er an die Bestimmung des Merkmals einer Handlung aus Pflicht und sagt: Bestimmt irgend ein begehrungswürdiger Gegenstand, sei es durch die Neigung oder durch Selbstsucht oder aus sonst einem Grunde unmittelbar den zur That werdenden Willen, so ist dieser unmoralisch, denn er geschah eben nicht aus Pflicht. Alle Begehrungsobjekte können aber nur durch eine Begierde, durch Selbstsucht oder Neigung einen Willen entstehen lassen; in diesen Gegenständen, in dieser Materie des Willens kann also das Merkmal der Pflicht und damit des guten Willens nicht liegen, — sondern nur im formalen

---

49) Kants „Kr. d. pr. V." ed. R.u. Sch. Teil VIII. pag. 247. II. Buch. II. Hauptstück.: „Von der Dialektik der reinen praktischen Vernunft in Bestimmung des Begriffs vom höchsten Gut."
50) Kants „Grundlegung zur Metaphysik der Sitten" ed. R. u. Sch. Teil VIII. pag. 16.

Teil desselben, in einem Grundsatze, welcher dem zufälligen
Begehren schon vorausgeht.

Es zeigt sich auch in der That, besonders in sittlichen
Collisionen, dass nur, wenn ein fester sittlicher Grundsatz
unter den sich bekämpfenden Motiven den Sieg davonträgt,
nur wenn er die letzte Entscheidung betimmt, ein g ter
Wille zustande kommt, während der moralische Wert einer
Handlung sofort getrübt wird, wenn nur ein wenig Selbstsucht oder subjektive Neigung noch an ihr klebt. Also zu
einem sittlich-guten Willen darf wohl die Begierde oder
Neigung Veranlassung geben, sie darf aber nicht durch
eigene Kraft zum Willen werden, sondern muss die Entscheidung stets vom Grundsatz erwarten; nur wenn dieser
sich letztentscheidend bethätigt, entsteht eine Handlung aus
Pflicht. Am klarsten spricht dies Kant aus in folgenden
Worten: „Der Wille ist mitten inne zwischen seinem
Princip a priori, welches formell ist, und zwischen seiner
Triebfeder a posteriori, welche materiell ist, gleichsam auf
einem Scheidewege, und da er doch irgend wodurch bestimmt werden muss, so wird er durch das formelle Princip
des Wollens überhaupt bestimmt werden müssen, wenn eine
Handlung aus Pflicht geschieht, da ihm alles materielle
Princip entzogen worden." [51]) Nur wer so klar erkannt
hat, dass Kant mit der Betonung der Handlungen aus Pflicht
nichts Anderes will, als auf die unabhängig von zufälligen
und momentanen Einflüssen, von Begierden und Neigungen
bestehende und sich betätigende sittliche Gesinnung hin-
weisen, welche sich an bestimmte Gesetze gebunden, ihnen
verpflichtet fühlt, nur wer sich so in den Besitz des In-
halts jener Worte gesetzt hat, wird auch Kants Pflichtbegriff
richtig beurteilen. Kant will mit dem Worte „Pflicht" das
Gebundensein eines Willens an ein Gesetz ohne irgend
welche Lohnverheissung oder Strafandrohung ausdrücken.
Das ist das Ziel der ganzen Untersuchung zu zeigen, dass

---

51) Kants „Grundlegung u. s. w." ed. R. u. Sch. Teil VIII.
pag. 20.

solche äussere materielle Triebfedern, wie Lohn oder Strafe, keinen guten Willen hervorbringen. Kant sagt, „er habe den Willen aller Antriebe beraubt, die ihm aus der Befolgung irgend eines Gesetzes entspringen können." [52])

„Die Uebereinstimmung der Handlung mit dem Gesetz, die nicht durch Gefühle und Neigungen vermittelt ist, heisst Legalität und nicht Moralität. [53]) Denn bei dieser ist der Bestimmungsgrund allein die Pflicht, das Gesetz. Auf diesen Unterschied zwischen Legalität und Moralität geht Kants Einteilung der Pflichten in Rechts- und Tugendpflichten zurück, indem für die ersteren eine äusserliche Gesetzgebung möglich ist, für die letzteren nicht, weil sie auf einen Zweck gehen, der zugleich Pflicht ist." [54]) Aus derselben Quelle ist die Einteilung in vollkommene und unvollkommene Pflichten hervorgegangen. Ein Widerstreit der Pflichten [collisio officiorum s. obligationum] durch welchen die eine derselben die andere ganz oder teilweise aufhöbe, ist nicht denkbar. Denn Pflicht und Verbindlichkeit sind Begriffe, welche die objektive praktische Notwendigkeit gewisser Handlungen ausdrücken. Da aber zwei einander entgegengesetzte Handlungen nicht zugleich notwendig sein können, so ist, wenn nach einer derselben zu handeln Pflicht ist, nach der entgegengesetzten zu handeln nicht allein keine Pflicht, sondern sogar pflichtwidrig." [55]) Wenn aber zwei Gründe der Verbindlichkeit in einem Subjekt verbunden sind, die einander widerstreiten, so behält der stärkere Verpflichtungsgrund den Platz [fortior obligandi ratio vincit]." [56])

Bei dem Streben unserer Pflicht zu genügen, erstehen

52) Kants „Grundl. u. s w." ed. R. u. Sch. Teil VIII. pag. 22.
53) Kants „Metaphysische Anfangsgründe der Rechtslehre" ed. R. u. Sch Teil IX. Einleitung in die Metaphysik der Sitten. pag. 19
54) Kants „Metaphysische Anfangsgründe der Rechtslehre" ed. R. u. Sch. Einleitung. Teil IX. pag 43 u. 44.
cf Ad. Bartsch. „Die Grundprincipien der Kantschen Ethik" pag. 15.
55) Kants „Rechtslehre." ed. R. u. Sch. Teil IX. pag 25. u. 26. Einleitung.
56) Kants „Rechtslehre." ed. R. u. Sch. Teil IX Einleitung. pag. 25 unten.

uns in den Antrieben der Natur gar gewaltige Gegner, gegen die wir den Kampf mit allen unseren Kräften aufnehmen müssen. Dieser Vorsatz, einem starken Feind auf ethischem Gebiete die Spitze zu bieten, führt, wenn er den Sieg davonträgt, den Namen der Tugend. Sie ist die Stärke der Maxime des Menschen in Befolgung seiner Pflicht, die in der festen Gesinnung gegründete Uebereinstimmung des Willens mit jeder Pflicht. [57]) Wie alles Formale ist sie bloss eine und dieselbe, aber in Ansehung des Zweckes der Handlungen, der zugleich Pflicht ist, kann es auch mehrere Tugenden geben." [58]) Abgesehen von den vielen natürlichen Pflichten, welche der Mensch nicht freiwillig durch einen Vertrag, sondern unbewusst übernimmt, giebt es gar viele andere, welche darum oft als Pflichten ohne Belohnung erscheinen, weil der Verpflichtete weniger an die Gegenleistungen, welche er von andern empfängt, als an die Arbeit, die er jenem zu leisten hat, denkt. Daher ist es gekommen, dass gerade diejenigen Forderungen am meisten als Pflicht erscheinen, bei welchen das Bewusstsein von der Belohnung oder von den Rechten, die man durch sie geniesst, am meisten zurücktritt. Wenn die Eltern es für ihre Pflicht halten, für ihre Kinder zu sorgen, abgesehen von den Gesetzen des Staates oder der Ordnung der Religionsgenossenschaft, der sie angehören, so mag man das metaphysisch oder ethisch erklären, wie man will — von der Hoffnung auf eine Belohnung oder aber von Furcht vor Strafe ist hier keine Rede, eben so wenig findet da das Verhältnis zwischen Herrn und Diener, Vorgesetzten und Untergebenen, Regierung und Unterthanen oder etwas Aehnliches statt.

Je strenger und gewissenhafter man auf Sittlichkeit hält, desto mehr drängt die Vorstellung der Pflicht sich in

---

57) Kants „Metaphysische Anfangsgründe der Tugendlehre" Einleitung IX. „Was ist Tugendpflicht." ed. R. u. Sch. Teil IX. pag. 241 oben und pag. 242. II. Absatz.
58) Kants „Metaphysiche Anfangsgründe der Tugendlehre." ed. R. u. Sch. Teil IX. pag. 242. II. Absatz.

den Vordergrund, dass der Mensch sich sagt: „Du darfst
dies nicht thun, sondern sollst so handeln und nicht anders."
Und fragt man den gemeinen Mann, warum er denn nicht
anders handeln dürfe, so antwortet er, als verstände es sich von
selbst „weil es unsittlich wäre", und wiederum befragt, warum
denn diese Handlungen unsittlich, jene sittlich seien, woher
er das wisse, so wird die Antwort weder lauten „von den
Eltern" noch „von der Schule" oder sonst einer Autorität,
sondern er verweist uns auf das Gewissen. Nur mit einem
solchen wackeren Gewissen, mit strengen sittlichen Grundsätzen werden wir imstande sein, auch den stärksten Ver-
suchungen zu widerstehen.

„Wie Kant für die Religions-Philosophie den Pflichtbegriff bearbeitet hat, das sei hier noch besonderer Erörte-
rung unterzogen. Der Schwerpunkt in der Lehre von der
transcendentalen Freiheit liegt, sagt Cohen, [59]) in dem Ma-
ximen-Charakter derselben. Die eigene Art von Causalität
besteht darin, dass sie nicht einen „Zeitursprung", sondern
einen „Vernunftursprung", nicht einen zeitlichen, sondern einen
dynamischen Anfang, nicht einen „Erklärungsgrund", wie Freiheit von statten gehe, sondern ein regulatives Princip, an welchem
unsere Handlungen geordnet werden können, bedeute. Wenn
man daher fragt, wie es zugehe, dass das Gute sich in der Men-
schenwelt vollziehe, wie, dass das Böse empirische Thatsache
werde, so ist dies eine theoretische, nicht eine ethische Frage;
mithin kann die Antwort nicht lauten: durch Freiheit. Denn
Freiheit soll keinen theoretischen Erklärungsgrund abgeben,
sondern lediglich die Weisung bedeuten: beurteile alle
Handlungen des Menschen als eines moralischen Wesens, als
ob sie frei wären. Je nachdrücklicher Kant nun darauf hin-
wies, dass es Vermessenheit sei, das Uebel aus der Ab-
schätzung des Weltenplanes erklären zu wollen; je dring-
licher er auf dem einen Gedanken bestand, es gebe nur
einen Wert des Lebens, den nämlich, welchen der Mensch

---

59) Dr. Hermann Cohen „Kants Begründung der Ethik." Ber-
lin 1877. III. Teil. I. Capitel: Die Bedeutung der Pflicht. pag. 272. fgl.

selbst in der Menschheit, in dem Sittengesetze sich selbst
gebe, — dosto angelegener musste es ihm sein, nach der
Seite der moralischen Unzweckmässigkeit sein Weltbild
nicht unergänzt zu belassen. Und so entstand die Frage
nach dem Ursprung des Bösen in dem Menschen. Indem
diese auf die Moral bezügliche theoretische Frage gestellt
war, blieb nur ein Weg für die Lösung derselben übrig:
die Wahl des Bösen musste frei erfolgen, denn allem Moralischen leuchtet die Grundmaxime der Freiheit voran Indessen
die Frage ist nun einmal theoretisch; sie sucht also
eine Art von Grund, von theoretischer Ursache Es genügt
ihr nicht der Hinweis auf die Freiheit, der zufolge in jedem
Moment die Handlung als gute wie als böse hervortreten
kann. Es wird nach der Maxime, als einer Art von Gesetz
geforscht. Mithin muss, sofern eine böse Handlung in der
Erfahrung sich begeben hat, eine böse Maxime als vorhanden angenommen werden. Und so kann alsdann gesagt
werden, der Mensch sei von Natur böse. Dagegen aber
hat er in der Freiheit die Praerogative, als des Sittenge-
setzes autonomen Urheber sich zu denken: wie reimt sich
mit dieser Identität von Freiheit und Sittengesetz die Gleich-
setzung der Freiheit mit der bösen Natur? Ist etwa der
Mensch gut und böse zugleich? Es sind dies dieselben
Fragen, denen auch der Pflichtbegriff begegnet, die Kant
zuerst in einer besondern Journalabhandlung, sodann in dem
ersten Stück seiner „Religion innerhalb der Grenzen der
blossen Vernunft" behandelt hat. Weder die Ansicht, dass
die Welt im Argen liege, noch die, dass sie unaufhörlich
zum Bessern fortschreite, keine von beiden scheint der richtige Angriffspunkt für die Lösung der obigen Fragen zu
sein. Die Natur des Menschen wollen wir kennen. Unter
Natur des Menschen aber wird, ohne einen Gegensatz zur
Freiheit bezeichnen zu wollen, hier „nur der subjektive
Grund des Gebrauchs seiner Freiheit" [60] verstanden Frei-

---

[60] Kant „Die Religion innerhalb der Grenzen der blossen
Vernunft." ed. R. u. Sch. Leipzig 1838. Teil. X. I. Stück. pag. 21.

lich muss dieser subjektive Grund selbst wieder ein „actus der Freiheit sein." Also kann der Grund des Bösen nicht in der Natur als einem „Naturtriebe", sondern lediglich als einer jenseit der Zeit liegenden „Regel, die die Willkür sich selbst für den Gebrauch ihrer Freiheit macht d. i. in einer Maxime" liegen. [61]) Und nach dem Grunde dieser darf man nicht weiter fragen. Denn sie ist die letzte wohlgemeinte Auskunft über jene theoretische Neugier. Wenn wir also sagen, der Mensch sei von Natur gut oder er sei von Natur böse, so bedeutet dies nur so viel: „er enthalte einen ersten Grund der Annehmung guter oder der Annehmung böser Maximen." [62]) Angeboren heisst daher das Gute oder Böse im Menschen nur in dem Sinne, „als es vor allem in der Erfahrung gegebenen Gebrauche der Freiheit [in der frühesten Jugend bis zur Geburt zurück] zum Grunde gelegt wird, und so als mit der Geburt zugleich im Menschen vorhanden, vorgestellt wird; nicht dass die Geburt eben die Ursache davon sei." [63]) Daher bildet die Bezeichnung „von Natur" keinen Gegensatz zum Erworbenen, sondern „dass sie nur nicht in der Zeit erworben sei". In derselben Weise ist „von Natur" unterschieden von „notwendig". „Er ist von Natur böse, heisst so viel als: dieses gilt von ihm in seiner Gattung betrachtet; nicht als ob solche Qualität aus seinem Gattungsbegriff [dem eines Menschen überhaupt] könne gefolgert werden, [denn alsdann wäre sie notwendig], sondern er kann nach dem, wie man ihn durch Erfahrung kennt, nicht anders beurteilt werden, oder man kann es, als subjektiv notwendig, in jedem, auch dem besten Menschen voraussetzen"- [64]) Dieser subjektiven Notwendigkeit, welche die Natur hier bedeutet, entspricht der Ausdruck „Hang". Hang ist von Anlage unterschieden. Die Anlage ist in ihren drei Arten, für die Tierheit in der

61) Kant „D. Rel. i. d. Gr. d. b. V." ed. R. u. Sch. Teil X. pag. 21.
62)   dito.   dito.   pag. 22.
63)   dito.   dito.   pag. 22 u. 23.
64)   dito.   dito.   pag. 35.
I. Stück III.

„mechanischen Selbstliebe", für die Menschheit in der „ver-
gleichenden Selbstliebe", endlich für die Persönlichkeit in
der „Empfänglichkeit der Achtung vor dem moralischen
Gesetz" [65]) Anlage zum Guten. Und diese Anlagen sind
„ursprünglich", „denn sie gehören zur Möglichkeit der
menschlichen Natur". [66]) Der Hang dagegen bezeichnet den
„subjektiven Grund" der Möglichkeit einer Neigung (habi-
tuellen Begierde — concupiscentia), sofern sie für die
Menschheit überhaupt zufällig ist." [67]) Der Hang darf daher,
wenn er selbst angeboren wäre, nicht als angeboren vorgestellt werden; er muss „erworben" oder „zugezogen" sein. [68])
Wir müssen daher entweder einen Sündenfall, einen freiwilligen, wenngleich unerforschlichen Uebergang aus dem
Stande der Unschuld zum Bösen annehmen, oder eine durch
die Aufnahme einer bösen Maxime erfolgte Verderbtheit
des Herzens, aus welcher sich der empirische Mensch zum
Bessern erzieht. Der Hang zum Bösen kann erstlich die
Gebrechlichkeit der menschlichen Natur, zweitens die in der
Vermischung der Triebfedern sich zeigende Unlauterkeit
derselben, drittens die in dem Hang zur Annehmung böser
Maximen bestehende Bösartigkeit oder Verderbtheit bedeuten.
Diese dritte Stufe charakterisirt den Hang zum Bösen am
bestimmtesten. Sie bezeichnet den „Hang der Willkür zu
Maximen, die Triebfeder aus dem moralischen Gesetz anderen
[nicht moralischen] nachzusetzen." Sie kehrt die sittliche
Ordnung der Triebfedern um und kann daher auch „Verkehrtheit (perversitas) des menschlichen Herzens"
heissen. [69]) In dieser Verkehrtheit des menschlichen
Herzens besteht der gesuchte subjektive Grund des
Bösen. Nicht in der Sinnlichkeit kann er liegen; denn
diese ist unverschuldet und beschränkt den Menschen bloss
auf die Tierheit; aber auch nicht in der Verderbnis der

---

65) Kant „D. Rel. i. d. Gr. d. bl. V." ed. R. u Sch. Teil X. pag. 28 u. 29.
66)   dito.   dito.   pag. 30.
67)   dito.   dito.   pag. 30 u. 31.
68)   dito.   dito.   pag 31.
69)   dito.   dito.   pag. 32.

Vernunft kann er liegen, denn diese würde ihn zu einem
teuflischen Wesen machen." [70]) Der Ursprung des Bösen
liegt vielmehr im Guten selbst, in der moralischen Anlage
des Menschen. Das radikale Böse, als ein selbstverschulde-
tes, als in der Freiheit eingewurzelt, hat zunächst darin
seine Möglichkeit, dass „eine Einwohnung des bösen Prin-
cips neben dem guten" stattfindet. [71]) Die Bösartigkeit ist
daher keine Bosheit, das Böse als Böses zu wollen, sondern
es ist Verkehrtheit des Herzens, aus der Gebrechlichkeit
und der Unlauterkeit zwar entsprungen, aber nichts desto
weniger „vorsätzliche Schuld" [dolus] und „hat zu ihrem
Charakter eine gewisse Tücke des menschlichen Herzens
[dolus malus], sich wegen seiner eigenen guten oder bösen
Gesinnungen selbst zu betrügen." [72]) „Diese Unredlichkeit,
sich selbst blauen Dunst vorzumachen, erweitert sich dann
auch äusserlich zur Falschheit und Täuschung anderer; sie
ist der faule Fleck unserer Gattung und liegt in dem radi-
kalen Bösen der menschlichen Natur." [73]) Die radikale
Bösartigkeit des Menschen seiner Natur nach besteht also
in der Umkehrung der sittlichen Ordnung der Triebfedern [74])
Der Zeitursprung des Bösen ist unerforschlich; der Vernunftursprung, dem zufolge jede Handlung als freie gilt, ist ebenfalls unerforschlich. Denn die moralische Anlage ist eine
Anlage zum Guten. „Für uns ist also kein begreiflicher
Unterschied da, woher das moralische Böse in uns gekommen sein könne." [75]) Das Unbegreifliche vom Auftreten
des Bösen ist die Verkehrung der sittlichen Ordnung der
Triebfedern. Die ursprüngliche Anlage zum Guten muss
uns wiederhergestellt werden, die Unlauterkeit zur Reinheit.
Wie ohne Pflicht kein Sittengesetz unter den Menschen, so

70). Kant „D. R. i. d. G. d. bl. V." ed. R. u. Sch. Teil X. pag 38 u. 39.
71)   dito.   dito.   pag. 41.
72)   dito.   dito.   pag. 42.
73)   dito.   dito.   pag. 43.
74)   dito.   dito.   pag. 40.
Dr. H. Cohen „Kants Begründung der Ethik." Berlin 1877. III.
Teil pag. 297—302.
75) Kant „D. Rel. i. d. G. d. bl V." ed. R. u Sch. Teil X. pag 49.

ohne das radikale Böse keine sittliche Reinigung des Menschengeschlechts Denn, sagt Kant, [76]) ungeachtet jenes Ab-
falls erschallt doch das Gebot: wir sollen bessere Menschen
werden, unvermindert in unserer Seele; folglich müssen wir
es auch können, sollte auch das, was wir thun können, für
sich allein unzureichend sein und wir uns dadurch nur eines
für uns unerforschlichen höheren Beistandes empfänglich
machen. Die Wiederherstellung der ursprünglichen Anlage
zum Guten, sagt Kant dann weiter [77]), ist nicht Erwerbung
einer verlorenen Triebfeder zum Guten; denn diese, die in
der Achtung für das moralische Gesetz besteht, haben wir
nie verlieren können, und wäre das letztere möglich, so
würden wir sie auch nie wieder erwerben. Sie ist also nur
Herstellung der Reinigkeit des moralischen Gesetzes als
obersten Grundes aller unserer Maximen. Das ursprünglich Gute ist die Heiligkeit der Maximen in Befolgung seiner
Pflicht. Der zur Fertigkeit gewordene feste Vorsatz in Befolgung seiner Pflicht heisst Tugend. Der Mensch findet sich
tugendhaft, wenn er sich in Maximen seine Pflicht zu beobachten befestigt fühlt. Um aber nicht bloss ein gesetz-
lich, sondern ein moralisch guter (Gott wohlgefälliger)
Mensch, d. i. tugendhaft nach dem intelligibelen Charakter
zu werden, welcher, wenn er etwas als Pflicht erkennt,
keiner andern Triebfeder weiter bedarf, als dieser Vorstellung der Pflicht selbst: das kann nicht durch allmäh-
liche Reform, so lange die Grundlage der Maximen unlauter
bleibt, sondern muss durch eine Revolution in der Gesinnung
im Menschen [einen Uebergang zur Maxime der Heiligkeit
derselben] bewirkt werden; und er kann ein neuer Mensch
nur durch eine Art von Wiedergeburt gleich als durch eine
neue Schöpfung [Ev. Joh. III, 5. verglichen mit 1 Mos. I, 2]
und Aenderung des Herzens werden. [78]) Die moralische
Bildung des Menschen muss nicht von der Besserung der
Sitten anfang n, sondern von der Umwandlung der Denkungs-

---

76) Kant „D. Rel. i-d. G. d. bl. V" ed. R. u. Sch. Teil X. pag. 51.
77)   dito.   dito.   pag. 53 u 54.
78)   dito.   dito.   pag. 55.

art und von der Gründung eines Charakters Nun ist selbst der eingeschränkteste Mensch, sagt Kant, [79]) des Eindrucks einer desto grösseren Achtung für eine pflichtmässige Handlung fähig, je mehr er ihr in Gedanken andere Triebfedern, die durch die Selbstliebe auf die Maxime der Handlung Einfluss haben könnten, entzieht; und selbst Kinder sind fähig, auch die kleinste Spur von Beimischung unechter Triebfedern aufzufinden: da denn die Handlung bei ihnen augenblicklich allen moralischen Wert verliert Diese Anlage zum Guten wird dadurch, dass man das Beispiel selbst von guten Menschen [was die Gesetzmässigkeit derselben betrifft] anführt und seine moralischen Lehrlinge die Unlauterkeit mancher Maximen aus den wirklichen Triebfedern ihrer Handlungen beurteilen lässt, unvergleichlich kultiviert und geht allmählich in die Denkungsart über: so dass Pflicht bloss für sich selbst in ihren Herzen ein merkliches Gewicht zu bekommen anhebt Das Gefühl der Erhabenheit der moralischen Bestimmung muss rege gemacht werden, [80]) weil es dem angeborenen Hange zur Verkehrung der Triebfedern in den Maximen unserer Willkür grade entgegenwirkt, um in der unbedingten Achtung für das Gesetz, als der höchsten Bedingung aller zu nehmenden Maximen, die ursprüngliche sittliche Ordnung unter den Triebfedern und hiermit die Anlage zum Guten im menschlichen Herzen, in ihrer Reinigkeit wieder herzustellen Wenn das moralische Gesetz gebietet, sagt Kant [81]) weiter, wir sollen jetzt bessere Menschen sein, so folgt unumgänglich, wir müssen es auch können. Beständige Aufgabe ist für den Menschen die ins Unendliche hinausgehende Fortschreitung vom Schlechten zum Besseren. Der Mensch muss den Hang zum Bösen, der als unvertilgbar bezeichnet wird, beseitigen.

Kant hat, wie wir gesehen haben, einen unerbittlichen Kampf gegen allen angeblichen sittlichen Wert der Handlungen aus Neigung geführt und allein die aus Pflicht für

79) Kant „D. R. i. d. G. d. bl. V." ed. R. u. Sch. Teil X pag. 55 u. 56.
80)   dito.   dito.   pag. 57.
81)   dito.   dito.   pag. 58.

sittlich gut erklärt. Durch die Aufstellung des kategorischen
Pflichtgebots und durch die Läuterung desselben von aller
fremdartigen Beimischung hat sich Kant ein bleibendes
Verdienst erworben. Zu allen Zeiten herrschte in den
Handlungen der Menschen der moralische Materialismus.
Wird aber die Menschheit einmal zu diesem so unwider-
stehlich hingerissen, dann ist es erforderlich, dass diejenigen,
welche als Fackelträger des Lichtes der Vernunft bestimmt
sind, Geist und Herz des Menschen in ihren unsprünglichen Anlagen zu beobachten, auch dazu bestimmt sind, die Menschheit dem
hohen Ziele der reinen und wahren Menschennatur immer
näher zu führen 'oder den Menschen wenigstens dieses Ziel
selbst in seiner vollen Schönheit vor Augen zu halten, dahin
zu streben, die Menschheit durch strenge und der hohen
Würde vernünftiger Naturen angemessene Lehren ernster
Weisheit und heiliger Pflicht vor dem gäuzlichen Herab-
sinken von der uns als vernünftigen Wesen augestammten
Erhabenheit zu bewahren. Einen wichtigen Teil dieser so
einzigen und glorreichen Bestimmung der Führer des Menschengeschlechts hat Kant durch die Wiederherstellung des
Begriffs der Heiligkeit und Würde der Menschenpflichten
erfüllt. Aus dem Heiligtum der reinen Vernunft nahm er
das fremde und doch zugleich auch so bekannte Moralgesetz,
stellte es in seiner ganzen Heiligkeit auf vor seinen Zeitgenossen und fragte wenig, ob es Augen giebt, welche
seinen Glanz nicht vertragen Die öffentliche Meinung war
verderbt worden; Kant hat sich das grosse und in seiner
Art einzige Verdienst erworben, sie zu berichtigen. Der
Entdecker des kategorischen Pflichtgebots hat das Ganze
seines Systems gleich gross und richtig ausgedrückt, wenn
er den kalten Fluss der tiefsinnigsten Untersuchungen ur-
plötzlich durch folgende rednerische Ausströmung unterbricht:
„Pflicht! Du erhabener grosser Name, der du nichts Be-
liebtes, was Einschmeichelung bei sich führt, in dir fassest,
sondern Unterwerfung verlangst, doch auch nichts drohest,
was natürliche Abneigung im Gemüte erregte und schreckte,

um den Willen zu bewegen, sondern bloss ein Gesetz aufstellst, welches von selbst im Gemüte Eingang findet, und doch sich selbst wider Willen Verehrung (wenngleich nicht immer Befolgung) erwirbt, vor dem alle Neigungen verstummen, wenn sie gleich insgeheim ihm entgegenwirken, welches ist der deiner würdige Ursprung, und wo findet man die Wurzel deiner edlen Abkunft, welche alle Verwandtschaft mit Neigungen stolz ausschlägt, und von welcher Wurzel abzustammen die unnachlassliche Bedingung desjenigen Worts ist, den sich Menschen allein selbst geben können?" [82])

Diese enthusiastische Ergiessung über die Erhabenheit und Heiligkeit des moralischen Gebotes, aus dem Herzen des kältesten Denkers des Jahrhunderts, müsste allein schon tiefe Ehrfurcht für den Entdecker des katogorischen Pflichtgebots einflössen, der für nichts weiter als für das Heiligste im Menschen erwärmbar zu sein scheint. In dieser Stelle finden wir Wort für Wort die wahre Analyse desjenigen Gefühls, welches wir sonst mit dem Ausdruck „Gewissen" zu benennen pflegen. Unbedingten Gehorsam gegen des Gewissens heiligste Vorschriften, Hintansetzung jeder entgegenstrebenden Begierde und Neigung, Unterdrückung jeder geliebtesten Leidenschaft: das allein ist es doch, was unter dem Namen „Pflicht, Gewissen, moralisches Gesetz" befasst wird — das nämliche also, was Kant in der angeführten Stelle so allgemeinverständlich ausdrückt, und was er in der Kritik der praktischen Vernunft I. Teil I. Buch mit der ihm eigentümlichen dialektischen Feinheit entwickelt. Man kann von diesem ersten Buche der Kritik der praktischen Vernunft in dem wahren Sinne mit Plato sagen: „Sehet da! die nackte Tugend!" Denn oben die ganze Abhandlung über das moralische Gefühl und seinen wesentlichen Unterschied von jedem andern Gefühl ist einer der Meisterzüge des tiefsinnigsten und feinsten aller philosophischen Analytiker. Aber, sagt man, unbedingten Gehorsam gegen

---

82) Kant „Kritik der praktischen Vernunft" ed. R. u. Sch. Teil VIII. pag. 214. I. Buch. III. Hauptstück.

die Gebote des Gewissens, Hintansetzung jeder entgegenstrebenden Begierde, Unterdrückung jeder geliebtesten Leidenschaft — das befasst der moralische Imperativ allerdings. Gegen das Negative also in dem kategorischen Gebot Kants wendet man nichts ein. Allein wenn es heisst: [83])
„Die Autonomie des Willens ist das alleinige Princip aller
moralischen Gesetze und der ihnen gemässen Pflichten;
alle Heteronomie der Willkür gründet dagegen nicht allein
gar keine Verbindlichkeit, sondern ist vielmehr dem Princip
derselben und der Sittlichkeit des Willens entgegen"; wenn
es heisst, dass bloss die Form des Gesetzes den Willen bestimmen müsse, wenn überhaupt vom reinen Willen
die Rede ist — dieses Positive des Pflichtgebots —
will man nicht anerkennen. Allein man deute Kant recht.
Die Autonomie des Willens ist das alleinige Princip aller
moralischen Gesetze — heisst doch nichts anders, als der Mensch
mit allen seinen innern und äusserlichen sinnlichen Bestimmungen, also nach Glück, Stand, Weltverhältnissen, nach den
Kräften und Anlagen des Geistes, nach Begierden, Neigungen
und Leidenschaften des Herzens — soll dem moralischen Gesetze
unbedingt unterworfen sein. Dieses soll in allen unsern
möglichen Beziehungen und Verhältnissen den unbestreit-
baren Vorrang behaupten: keine einzige der genannten sinnlichen Bestimmungen soll jemals irgend einem moralischen
Gebot gleichsam dreinreden und ihre sinnlichen Bedingungen
diesem unbedingten einmischen. Die moralische Forderung
soll allein und einzig und unvermischt mit jeder Begierde
oder Neigung den ganzen Menschen beherrschen. Kann
man gegen diese positive Aussagung des Pflichtgebots etwas
einwenden? Aber, sagt man, es giebt doch auch gute Begierden und tugendhafte Neigungen, und auch diese sollen
von dem moralischen Princip ausgeschlossen sein? Allein
wenn man auch diese Ausdrücke „gute Begierden und
tugendhafte Neigungen" gestatten will; wodurch können Be-

---

83) Kant „Kritik der praktischen Vernunft" ed. R. u. Sch.
Teil VIII. pag. 145. § 8. Lehrsatz IV.

gierden gut und Neigungen tugendhaft sein, als insofern sie
dem moralischen Gesetz entsprechen und auf Gegenstände
seiner Forderung hingerichtet sind? Das heisst also — durch
das moralische Gebot selbst: nur insofern wir Begierde und
Leidenschaft unter das Joch des unbedingten Gehorsams
gegen das moralische Gesetz beugen, und nicht insofern wir
demselben schon durch eine Art natürlichen Instinkts folgen,
— nur insofern mögen wir sie gut und tugendhaft nennen.
So muss es denn also ein höchstes, allbestimmendes und
oben deswegen durch nichts anders bestimmtes unbedingtes
Gesetz geben, welches allen unsern Handlungen und Kraft-
äusserungen zur Regel dient; und dies nennt Kant das Gesetz der reinen praktischen Vernunft, das Gesetz des reinen
Willens. Denn der reine d. h. von aller instinktartigen
Neigung und Leidenschaft abgesonderte, unvermischte Wille
ist es, der sich das moralische Gesetz vorschreibt und sich
dann demselben auch unterworfen soll.

Nirgends vielleicht in der Wirklichkeit giebt es eine
solche reine praktische Vernunft. Dadurch wird die gesammte
Moral ein grosses, vielleicht von keinem Sterblichen erreichtes
und erreichbares Ideal. Aber hier kommt es auf Handlungen an, die einem höchsten, allbestimmenden, unbedingten
Gesetz unbedingt gemäss sein sollen. Ob und inwiefern sie
dies sind, wird von den Handelnden, den mit Neigungen
und Leidenschaften, die diesem Gesetze entgegenstreben,
afficierten vernünftigen Wesen abhängen. Diese werden
freilich, eben um dieser Neigungen und Leidenschaften willen
jenem unbedingten Gesetz entweder schnurstraks entgegen-
handeln oder ihm auch nur insofern gemäss handeln, als
diese Neigungen, ohne ihr eigenes Zuthun, sie von selbst
zu jenem Gehorsam bestimmen, d. h. also, sie werden jenen
ihren eigenen reinen Willen [den gesetzgebenden moralischen]
durch den sehr unreinen [mit Neigungen und Leidenschaften
afficierten] Willen trüben. Aber das unbedingte Gesetz selbst
bleibt und besteht doch, ungeachtet jenes nur zu bedingten
[durch Neigungen eingeschränkten] Gehorsams: aber der

3*

reine Wille bleibt und besteht doch mit allen seinen Forderungen an den unreinen Willen, ungeachtet der unleugbarsten Abweichung des letztern von den Forderungen des erstern. Der am meisten tugendhafte Mensch ist es nur dadurch und insofern, als er jenes Ideal des reinen Willens in seinen Handlungen verwirklicht, sowie der wahre Künstler nur dadurch gross ist, dass er das Ideal der Kunst in seinem aufgestellten Werk realisiert oder sich demselben möglichst nähert.

Alles Verdienst des Königsberger Philosophen um die philosophische Moral besteht darin, dass er der Menschheit das moralische Pflichtgebot als unbedingt, als gleichsam durch sein (des Pflichtgebotes) blosses Wort und Willen gebietend, aufgestellt hat: „Handle recht", ruft dasselbe dem vernünftigen Wesen mit gesetzgebender Stimme zu, — „handle recht" — „wenn auch alle Leidenschaften deines Herzens, alle Beispiele der Menschen, alles Glück der Erde mit deiner guten Handlung in Widerspruch wären." Wenn also der Mensch trotz des Widerspruchs aller genannten Bestimmungsgründe zu Handlungen dennoch moralisch gut handeln soll, was bleibt ihm übrig als einziger Bestimmungsgrund zur moralischen Handlung oder als Verpflichtungsgrund zur Moral überhaupt? Allein und einzig dieser: „denn du sollst ein guter Mensch sein". Für diesen letzten Bestimmungsgrund kann und muss kein höherer, für diese höchste Pflicht keine höhere Verpflichtung angegeben werden. Denn die Pflicht, moralisch gut zu handeln, ist uns durch die ursprüngliche Natur unseres vernünftigen Daseins gegeben „Der Begriff der reinen Pflicht," sagt Kant, „ist die einzige Thatsache der praktischen Vernunft." Das oberste Princip der Moral ist: „Handle dem Begriff der reinen Vernunft gemäss: alle übrigen Vorschriften der Gerechtigkeit, Menschenliebe u. s. w. sind eben so viel Konklusionen aus jenem obersten Princip. Warum sollen vernünftige Wesen unbedingt moralisch gut handeln? Das kann Kant, das kann niemand beweisen; es ist Thatsache, es ist durch die ursprüngliche Natur mit Vernunft und Willen begabter Wesen gegeben. So wie wir keinen Grund davon angeben können, warum wir nur durch Raum und Zeit zu denken vermögen, ebenso wenig können wir beweisen, warum uns das Gefühl reiner Pflicht und der Begriff reiner Pflicht beiwohnt.

Nun aber kann man einwenden: Wohlan, das moralische Pflichtgebot gebiete unbedingt und gestatte weder der Leidenschaft noch dem Beispiel anderer, noch irgend einem Vorteil irdischen Glückes Einspruch: und dieses unbedingte Pflichtgebot könne als ursprüngliche Bedingung unseres Daseins als vernünftiger Wesen nicht höher abgeleitet, nicht weiter bewiesen werden. Aber gesetzt, das Handeln nach Pflicht, nach reiner Pflicht wäre schlechterdings aller irdischen Glückseligkeit, Ruhe und Zufriedenheit des Menschen entgegen oder wenigstens damit unverträglich, wäre mit allen andern unserer Anlagen in dem offenbarsten Widerspruch! Würde alsdann jenes unbedingte Pflichtgebot auch noch bestehen? Und wenn es auf diesen Fall in unserer Natur sich vorfände, wie wäre es alsdann zu deuten und mit den übrigen Verhältnissen unseres irdischen Daseins zu vereinigen? Auf diesen Fall, muss man antworten, würde es sich in unserer Natur gar nicht vorfinden, denn nur dadurch bewahrheitet, begründet und verkündigt sich das Pflichtgebot an die Menschen, dass es als die oberste Bedingung aller Wahrheit, aller Vollkommenheit, aller Glückseligkeit, aller Ruhe und Zufriedenheit, alles Werts und aller Würde des Menschen angesehen werden kann und angesehen werden muss, und dass es ohne dasselbe für vernünftige Wesen Wahrheit, Ordnung, Vollkommenheit, Glückseligkeit u. s. w. nicht giebt und nicht geben kann. So wie wir die Denkgesetze der Vernunft nur dadurch erkennen, dass wir wirklich nach denselben denken, so erkennen wir das oberste Pflichtgebot nur dadurch, dass wir Wahrheit, Vollkommenheit, Glückseligkeit und Würde des Menschen nur — als durch den Gehorsam desselben gegen das Pflichtgebot möglich — erkennen.

Demgemäss kann geradezu behauptet werden: Stände das
unbedingte moralische Pflichtgebot mit allen andern wirklichen und unabänderlichen Verhältnissen vernünftiger Wesen
durchaus in Widerspruch, so wären sie berechtigt, dasselbe
eben als vernünftige Wesen aufzugeben; denn ein vernünftiges Wesen zerstört offenbar seine eigene Natur d. h. seine
Vernunft dadurch, dass es eine sich selbst widersprechende
und alle seine andern Verhältnisse aufhebende Vorstellung
wirklich machen oder darnach handeln will. Da nun das moralische Pflichtgebot allen andern Verhältnissen des Menschen,
allen andern Anlagen seiner Natur nicht nur nicht widerspricht,
sondern vielmehr nur gleichsam Mass und Gewicht in dieselben bringt, allein nur alle anderen Verhältnisse den besten
Zwecken unserer gesammten Natur gemäss bestimmt und
richtet, alle andern Triebe und Begierden in Hinsicht auf
diese besten und vollkommensten Zwecke ordnet und
zügelt, alle andern Anlagen eben diesen Zwecken
gemäss entwickelt und ausbildet, kurz da das moralische
Pflichtgebot als der höchste Bestimmer der vollkommensten
Zweckmässigkeit vernünftiger Naturen, mithin als die höchste
Gesetzgebung der Vernunft selbst angesehen werden muss,
so ist es eben dadurch über allen Zweifel bewahrheitet und
begründet, und der Gehorsam vernünftiger Wesen gegen
dasselbe ist die oberste und unerlässlichste Pflicht. So unbedingt daher auch das moralische Pflichtgebot gebietet, so
übt es seine Alleinherrschaft über vernünftige Wesen doch
nur dadurch aus, dass es selbst wiederum als die oberste
und einzige Bedingung aller ihrer anderen Bestimmungen,
Verhältnisse, Anlagen anerkannt werden kann. Wäre aber
dieses Pflichtgebot mit allen andern Bestimmungen, Vor-
hältnissen, Anlagen vernünftiger Wesen im offenbaren Widerspruch, so würden diese dasselbe gradehin verwerfen können
und müssen, so würde ein solches Pflichtgebot auch überhaupt nicht in der Reihe der Dinge sein.

Der bisher geführte Beweis lautet zusammengefasst:
Das moralische Pflichtgebot bringt in die Anlagen, Fertig-

keiten und Handlungen der Menschen als vernünftiger Wesen
die höchste Zweckmässigkeit, und diese höchste Zweckmässigkeit aller und jeder Bestimmungen unserer Natur ist
ohne die Unterwerfung vernünftiger Wesen unter das Pflichtgebot schlechterdings nicht denkbar. Nun ist die Vernunft
ein Vermögen, Zwecke zu erkennen und Zwecke wirklich
zu machen. Demnach muss auch die Vernunft das Pflichtgebot nicht allein anerkennen, sondern dasselbe auch dem
durch sie zu bestimmenden Willen als die erste und höchste
Maxime aller seiner Handlungen vorzeichnen. Durch diese
Zurückführung des unbedingten Pflichtgebots auf den Begriff
der höchsten Zweckmässigkeit wird dasselbe als die einzige
Thatsache der reinen praktischen Vernunft an die Vernunft
selbst gleichsam zurückgegeben d. h. in das Wesen der
Vernunft selbst hineingetragen, als mit ihm identisch erkannt,
aus dem Wesen der denkenden Natur selbst abgeleitet. Denn
eine denkende Natur kann als solche nichts ihrer Natur Ent-
sprechenderes thun, als Verbindung des Mannigfaltigen zur
Einheit erkennen d. h. denken; Verbindungen des Mannigfaltigen zur Einheit aber sind nichts anders als Zwecke.
Demnach kann auch eine denkende Natur, die zugleich mit
einem Willen oder mit dem Vermögen begabt ist, selbstge-
dachte Vorstellungen durch Handlung zu verwirklichen, nichts
ihrem vernünftigen Willen Angemesseneres thun, als durch
denselben Zwecke zu verwirklichen. Handlungen nach der
Idee höchster Zweckmässigkeit bilden das höchste Ziel der
vernünftig wollenden Natur.

Eben aus dieser Zurückführung des unbedingten Pflichtgebots auf die Idee höchster Zweckmässigkeit geht zugleich
hervor, dass das unbedingte Pflichtgebot die Zustimmung
seiner selbst mit allen und jeden Anlagen vernünftiger und
sinnlich afficierter Naturen in sich schliesst. Dass nun aber
in der allgemeinen Weltlage, wie sie bei dem so häufigen
Ungehorsam der Menschen gegen das Pflichtgebot angetroffen
wird, jener Widerspruch nicht selten stattfindet, beweist
eben so wenig gegen die Angemessenheit des Pflichtgebots,

als die offenbare und häufige Uebertretung irgend eines
heilsamen Gesetzes gegen die Heilsamkeit und Gültigkeit
dieses Gesetzes selbst beweisen kann. Demnach können
Wahrheit, Ordnung, Glückseligkeit, Zufriedenheit, Vollkommenheit ohne den Gehorsam gegen das Pflichtgebot von vernünftigen Wesen nicht erreicht werden. Wie würden wir
überhaupt zu der Erkenntnis eines solchen Pflichtgebots in
unserer Natur gelangen, wenn wir nicht aus der Erfahrung
seiner alles übertreffenden Heilsamkeit auf seine unbedingte
Gültigkeit zurückschlössen? Obgleich nun aber die Erfahrung allein das Bewusstsein eines solchen Pflichtgebots
in uns entwickelt, so ist doch das Pflichtgebot selbst schon
als solches zwar aus der Erfahrung, aber zugleich auch über
die Erfahrung hinaus. Denn wir sehen ja offenbar sehr
wenige Menschen demselben wirklich gemäss handeln, aber
wir fühlen es, dass wir darnach handeln sollen. Selbst die
unmoralischen Handlungen der Menschen können dazu dienen,
in der Seele des Menschen das feinste moralische Gefühl zu
entwickeln. In jenem Sollen ist das Gesetzgebende, Allge-
bietende und Allherrschende der Moral gegründet. Daraus
ersieht man, dass, sowie in dem Begriff der reinen Pflicht
zu gleicher Zeit der Begriff von einer möglichen Zustimmung
aller übrigen Verhältnisse und Bestimmungen unserer Natur
enthalten ist, also auch der Begriff reiner Pflicht in sich
selbst schon zur Religion hinleitet, indem eine Moral ohne
wenigstens den Glauben an eine mögliche Zustimmung der
Realgesetze zu unserem Idealgesetz [dem reinen Pflichtgebot]
ein offenbares Unding wäre. Wenn nun aber Kant
das moralische Pflichtgebot weder selbst höher ableitet,
noch irgend eine höhere Ableitung gestattet, so liegt darin
erstens das wesentliche Verdienst seines Systems, indem er
eben durch diese Unbedingtheit des Pflichtgebots den Leidenschaften der Menschen alle mögliche Ausflucht abschneidet
und das Moralgesetz zu dem Alleinbeherrscher vernünftiger
Naturen macht, dem sie sich vor allen andern Trieben, Anlagen, Bestimmungen und Verhältnissen ihres Daseins unter-

werfen und diese alle jenem nachsetzen müssen; und dies ist
ohne Zweifel die allerhöchste Stufe des Ansehens einer Gesetzgebung. Zweitens kann aber auch jedes andere Princip
der Moral die Verpflichtung zur Moral schlechterdings nicht
beweisen. In der Moral müssen wir, wenn sie allgemein-
gültig und allverpflichtend gebieten soll, auf etwas Unbedingtes zurückkommen. Und eben dies ist es, was Kant
geleistet: eben durch diese Unbedingtheit seines obersten
Grundsatzes erhebt sich sein System über alle andern, die
je waren. Nach Kants Grundsätzen ist das moralische Gesetz die oberste Bedingung aller echten Glückseligkeit, deren
Idee durch jenes allein nur bestimmt und geregelt werden
kann und muss; und die Befolgung desselben giebt dem
Menschen allein nur Würde zur Glückseligkeit, Recht und
Anspruch auf dieselbe. Der Tugendhafte allein ist der
wahrhaft vollkommene Mensch, und ohne Reinheit und Auf-
richtigkeit der Gesinnungen zur unbedingten Befolgung des
moralischen Gesetzes giebt es überall nicht wahre Vollkommenheit, nicht wahren Wert oder Adel und Würde der
Menschheit. Der sogenannte moralische Sinn oder das moralische Gefühl ist nichts anders, als der in dunkle Begriffe
zusammenfliessende kategorische Imperativ, sowie dieser
nichts anders ist, als das in seine ursprünglichen Bestandteile und deutlichen Begriffe aufgelöste moralische Gefühl.

Zweck des so erhabenen Pflichtgebots Kants ist es,
die Menschen zu reinen Tugendgesinnungen zu rufen und zu
bilden, und sie eben dadurch insbesondere in den Stand zu
setzen, in jedem wichtigen Vorfall und Lebensverhältnis,
wo Neigung und Pflicht, natürlicher Trieb und moralisches
Gebot mit einander in Kollision sind, die ersten Güter den
letztern bereitwillig zum Opfer darzubringen. Demungeachtet
ist es ebenso unleugbar, dass der Mensch, der Geist und
Herz zu einer echt tugendhaften Gesinnung überhaupt ge-
stimmt hat, auch selbst dann, wenn seine Neigung und Leidenschaft oder überhaupt sein Interesse mit seiner Pflicht
übereinstimmend ist, diese nur mit desto gewissenhafterer

Sorgfalt zu aller Zeit und unter allen Umständen erfüllen wird, sowie auch seine Handlungen nur unter der Voraussetzung, dass er sie, auch ohne eigentümliche Neigung oder Interesse, dennoch eben so sorgfältig ausüben würde, allein nur einen wahren moralischen Wert erhalten können; während der andere ohne eine solche echte Tugendgesinnung auch selbst in Fällen der Zusammenstimmung von Pflicht und Interesse, sehr oft nach Laune oder nach dem Eindruck der Gegenwart die pflichtmässige Handlung thun wird, wodurch sie dann offenbar allen moralischen Wert verliert. Wie viel uns Menschen zu einer solchen wahrhaften Tugendgesinnung fehlt, durch welche wir zu einer unwandelbaren Bereitwilligkeit erhoben würden, um alle unsere Pflichten, die wir nun als Menschen, durch tausend materielle Triebfedern [also nicht durch die blosse Achtung für das Gesetz, wie Kant will] bestimmt, ausüben — auch alsdann mit ungeschwächter Sorgfalt und Gewissenhaftigkeit auszuüben, wenn auch nur die wichtigsten und bestimmendsten jener Triebfedern fehlen würden und wenn wir nun einzig nach dem kategorischen Pflichtgebot handeln sollten — davon mögen wir uns dadurch überzeugen, dass ein jeder die Hand aufs Herz legt und sich frägt: Wie, wenn alle jene Triebfedern wirklich wegfielen, würdest du alsdann der sein, der du nach dem Pflichtgebot sein sollst? Ein jeder, der das γνῶϑι σεαυτόν von der Thür des delphischen Tempels in sein Herz übertragen hat, wird das „Ja" auf diese Frage [wenn es für Menschen überhaupt nicht zu vermessen wäre, hier zu bejahen] nur mit Furcht und Zittern aussprechen. Gewiss, ein Leben voll erprobt guter und gewissenhafter Handlungen gehört dazu, um einer solchen Bereitwilligkeit auch nur für den einzelne Kollisionsfälle unserer Pflichten fähig zu sein. Offenb r besteht das Leben des wahrhaft moralischen Menschen nicht im Sein, sondern im Werden, und ebenso sagt der wahrhaft moralische Mensch, nachdem er alles gethan, was er zu thun schuldig war, sowie Christus seine Jünger sagen liess: „Wir sind unnütze Knechte; wir haben gethan, was wir zu

thun schuldig waren." [Luc. 17,10.] Wir gehen weiter zu
der Beleuchtung der Resultate aus dem Pflichtgebot. „Freiheit", heisst es in der Vorrede zu Kants „Kritik der praktischen Vernunft, [84]) „ist die einzige unter allen Ideen der
spekulativen Vernunft, wovon wir die Möglichkeit a priori
wissen, ohne sie doch einzusehen, weil sie die Bedingung
des moralischen Gesetzes ist, welches wir wissen. Die Ideen
von Gott und Unsterblichkeit sind aber nicht Bedingungen
des moralischen Gesetzes, sondern nur Bedingungen des
notwendigen Objekts eines durch dieses Gesetz bestimmten
Willens d. i. des bloss praktischen Gebrauchs unserer reinen
Vernunft; also können wir von jenen Ideen auch, ich will
nicht bloss sagen, nicht die Wirklichkeit, sondern auch nicht
einmal die Möglichkeit zu erkennen und einzusehen behaupten. Gleichwohl aber sind sie die Bedingungen der Anwendung des moralisch bestimmten Willens auf sein ihm a
priori gegebenes Objekt [das höchste Gut]. Folglich kann
und muss ihre Möglichkeit in dieser praktischen Beziehung
angenommen werden, ohne sie doch theoretisch zu erkennen
und einzusehen."

Diese Stelle enthält den Kern der gesammten Moral-
resultate des Kantschen Systems. Kant will uns in das
Reich des Uebersinnlichen versetzen. Das Pflichtgebot verlangt Unabhängigkeit von allen sinnlichen Triebfedern, diese Unabhängigkeit ist aber nicht anders möglich als unter Voraussetzung der Freiheit. Also wissen wir a priori die Möglichkeit der
Idee der Freiheit, ohne sie doch einzusehen, weil das moralische
Gesetz nur unter der Bedingung der Freiheit möglich ist. So wie
das denkende Wesen überhaupt zwei Gegenstände unterscheidet,
nämlich sein Ich und die Aussendinge, so bestimmt es durch
die allgemeinen Denkgesetze die Aussendinge u. sein eigenes
Ich; durch das allgemeine Handlungsgesetz [Moralgesetz] aber
bestimmt es dieses Ich, insofern es das Vermögen hat,
Vorstellung durch Handlungen zu verwirklichen d. h. insofern es
einen Willen hat. Denken wir uns diesen Willen eines ver-

---

84) Kant „Kritik der praktischen Vernunft" ed. R. u. Sch. Teil
VIII. pag. 106 u. 107. Vorrede.

nünftigen Wesens mit Trieben und Leidenschaften, so scheint
es, dass, wenn ein vernünftiges Wesen seine Natur als solches
nicht verleugnen soll, dasselbe auch zu gleicher Zeit das
Vermögen haben müsse, die Oberherrschaft der Vorstellung
oder der Idee über den Trieb zu behaupten und auszuüben.
Denn zuvörderst hat die Vorstellung oder die Idee, als un-
mittelbares Produkt der vernünftigen oder denkenden Natur, den
Rang über die Affektionen einer niedern Natur, der Sinnlichkeit; und Unterordnung des Niedern unter das Höhere ist
das wesentlichste Geschäft der Denkkraft als eines Vermögens, das Mannigfaltige zur Einheit zu verknüpfen. Das
Höchste, was vernünftige Wesen durch ihre Natur leisten
können, ist, sagt Pascal mit Recht, gehörig zu denken.
Zweitens hat aber auch die Natur selbst dadurch, dass sie
den vernünftigen Wesen im Verhältnis mit den vernunftlosen
so wenig Instinkt verlieh und auf ihre Kargheit in dieser
Rücksicht offenbar die ganze Oeconomie des Menschen be-
rechnet hat, dies als den bestimmtesten Willen erklärt, dass
in dem Menschen die Idee über den Trieb herrschen, und
dieser durch jene bestimmt und geleitet werden sollte.
Dieses Vermögen der Oberherrschaft der Idee über den Trieb
äussert sich schon auch in der Unterordnung der blossen
Triebe unter einander. Ein jeder vorsätzliche Selbstmord
ist ein unwidersprechlicher Beweis von der bloss einer vernünftigen Natur möglichen Unterordnung der Triebe, indem
kein vernunftloses Leben z. B. kein Tier sich selbst zerstört.
Unter allen Ideen nun, denen der Mensch in seinen Gesinnungen und Handlungen eine Oberherrschaft über den
Trieb einräumen kann, ist diejenige, welche den Gedanken
seines Selbst als eines mit Vernunft und Willen begabten
Wesens ausdrückt, ohne Zweifel die wichtigste; denn der
Mensch muss ausser seinen andern Anlagen, durch welche
er die gesammten leblosen und tierischen Naturen um sich
her überragt, eben durch die Oberherrschaft der Idee über
den Trieb sich über alle ihm bekannte Naturen besonders
erhaben fühlen. Die Bestimmungen dieses Ich als einer mit

Vernunft und Willen begabten Natur sagt das Pflichtgebot aus. Das Vermögen nun der Oberherrschaft der Idee des reinen Pflichtgebots über den Trieb können wir mit Recht als das erhabenste Vermögen seiner Natur betrachten, denn es betrifft offenbar nichts Geringeres, als gleichsam die Richtung und Handhabung aller seiner physischen, intellektuellen und gesellschaftlichen Anlagen, Kräfte und Fertigkeiten. Dieses Vermögen der selbstbestimmten Oberherrschaft der Idee des reinen Pflichtgebotes über den Trieb nennen wir „die moralische Freiheit" des Menschen. So allgemein auch die Idee höchster Zweckmässigkeit zu sein scheint, in welche wir somit den Begriff der reinen Freiheit aufgelöst haben, so hat sie dennoch eben durch ihren Inhalt nicht nur in der Vernunft eine ursprüngliche und wesentlich gegründete Haltbarkeit, sondern sie hat auch dadurch, dass sie das Ich des Menschen so innigst berührt, [indem es diese höchste Idee der Vernunft durch Handlungen nach dem reinen Pflichtgebot verwirklichen kann und soll] eine bestimmende oder zur Handlung anregende Kraft. Diese Kraft jener Idee beruht darauf, dass sie selbst Gefühl wird. Dieses moralische Gefühl fällt mit dem der Achtung am meisten zusammen. Unsere Vernunft ist in ihrem ganzen Denkkreise keiner höheren Vorstellung fähig als der eines Wesens, welches durch Selbstbestimmung d. h. vermittelst der Oberherrschaft der Idee über den Trieb die Fähigkeit besitzt, die höchste Zweckmässigkeit hervorzubringen. Da nun Vernunft als das Vermögen, Zwecke zu erkennen und durch den Willen wirklich zu machen, den Wert der Dinge nicht anders als nach ihrer verhältnismässigen Zweckmässigkeit schätzen und durch diese den Willen bestimmen kann, so muss sie auch der höchsten Zweckmässigkeit den höchsten objektiven Wert, demjenigen Wesen aber, welches diese höchste Zweckmässigkeit hervorbringen kann, den höchsten subjektiven Wert zuerkennen. Das Gefühl des höchsten Grades der Wertschätzung bezeichnen wir mit dem Namen der Achtung. Da nun das moralische Pflichtgebot nichts anders als die

Gesetzgebung der höchsten Zweckmässigkeit, die vernünftige
und mit Willen begabte Natur aber das vollziehend»
Subjekt jenes Pflichtgebots und dadurch der Quell dieser
höchsten Zweckmässigkeit ist, so ist das moralische Gefühl
nichts anders als ein Gefühl der Achtung.

Hieraus geht unmittelbar der Hauptsatz der Moral
hervor, dass die mit Vernunft und Willen begabte Natur
Quell und Gegenstand der höchsten Zweckmässigkeit d. h.
also unbedingter Zweck, Zweck an sich ist, ein Satz, auf
welchen Kant alle Würde der menschlichen Natur gründet.
Der schlichteste Menschenverstand erkennt jedo pflichtmässige Handlung als der Vernunft, der Wahrheit und
Ordnung gemäss, als einen Beitrag zu seiner eigenen oder
seiner Nebengeschöpfe Glückseligkeit, als die Vollziehung
des allgemeinen Willens vernünftiger und wohlbegabter
Naturen, als einen Akt freier Entschliessung, den er,
wenn er diese Entschliessung von jedem Einfluss der Leidenschaft frei weiss, für die achtungswürdigste Kraftäusse-
rung des Menschen hält. Hier haben wir das Gefühl der
Achtung für das Pflichtgebot in seine Bestandteile zerlegt
und ziehen daraus zur Bestätigung und Begründung des
Pflichtgebots als der Gesetzgebng der höchsten Zweckmässigkeit für die mit Vernunft und Willen begabte Natur
den Schluss, dass die Natur durch alles dieses die Idee der
höchsten Zweckmässigkeit dem Menschen gleichsam versinn-
lichet, diese abstrakteste aller Ideen zur praktischsten und all-
gemeinverständlichsten gemacht und ihr dadurch die er-
staunenswürdige Wirksamkeit erteilt hat, welche sie von
jeher über die Menschen äusserte und noch fortdauernd
äussert. Wenn der Philosoph das moralische Pflichtgebot
in seiner umfassendsten Bedeutung, sowie in seiner höchsten
Reinheit aufstellen will, so muss er es allerdings als den
Ausdruck des allgemeinen Willens vernünftiger Naturen oder
als die unbedingte Gesetzgebung der höchsten Zweckmässigkeit darstellen. Nur vermittelst der selbstbestimmten Oberherrschaft der Idee, also vermittelst der moralischen Frei-

heit und Unabhängigkeit von sinnlichen Triebfedern kann
das vernünftige Wesen zu dem Gefühl der Achtung für das
unbedingte Pflichtgebot, diesem eigentlichen moralischen Gefühl gelangen. Von dem moralischen Gefühl, insofern es
nicht Trieb für das Nützliche, für das Angenehme u. s. w.
oder auch nicht eine gewisse geistige Sympathie, sondern
Achtung für das Pflichtgebot als Gesetzgebung der höchsten
Zweckmässigkeit ausdrückt, gilt es, was im Evangelium
steht: Matth. VI, 33. „Trachtet am ersten nach dem
Reiche Gottes und nach seiner Gerechtigkeit, so wird euch
solches alles zufallen." Das heisst in philosophische Sprache
übersetzt: Uebet die Tugend als unbedingtes Gesetz mit
Vernunft und Willen begabter Naturen, und sie wird euch
und andern Quell der Ruhe, der Zufriedenheit, der Glückseligkeit werden; die einstweiligen Ausnahmen von der allgemeinen Regel überlasset jenem unbekannten Wesen,
welches euch das unbedingte Pflichtgebot ins Herz schrieb;
durch reine Pflichthandlungen werdet ihr diese Ausnahmen
um vieles vermindern.

Um dem unbedingten Pflichtgebot Gehorsam zu leisten,
muss der Mensch unabhängig von sinnlichen Triebfedern
handeln können. Diese Unabhängigkeit von sinnlichen Triebfedern bezeichnet Kant mit dem Namen der „transcendentalen
Freiheit", welche er also mit dem unbedingten Pflichtgebot
zugleich als gegeben betrachtet, weil die Unabhängigkeit
der vernünftigen Natur von sinnlichen Triebfedern mit
Recht als die conditio sine qua non angesehen werden muss,
durch welche uns Handlungen nach dem unbedingten Pflichtgebote d. h. Handlungen, ausgeübt unabhängig von den
Triebfedern der Sinnlichkeit, allein nur möglich werden.
Der Mensch kann sich über die Sinnlichkeit erheben oder
der Idee des Pflichtgebots die Oberherrschaft über den
Sinnentrieb verschaffen. Dieses Faktum, aus welchem offenbar
alle persönliche, moralische Selbstständigkeit, alle Zurechnungs-
fähigkeit und Würde vernünftiger Naturen beruht, hat Kant durch
seinen Begriff von der transcendentalen Freiheit nicht sowohl

zu erklären, als vielmehr mit seinem Transcendental-Idealismus zu vereinbaren gesucht. Das Resultat seiner Untersuchungen über die Freiheit fasst Kant in der Kritik der praktischen Vernunft kurz in den Worten zusammen: „Der einzige Begriff der Freiheit verstattet es, dass wir nicht ausser uns hinausgehen dürfen, um das Unbedingte und Intelligible zu dem Bedingten und Sinnlichen zu finden. Denn es ist unsere Vernunft selber, die sich durch das höchste und unbedingte praktische Gesetz und das Wesen, das sich dieses Gesetzes bewusst ist [unsere eigene Person], als zur reinen Verstandeswelt gehörig, und zwar sogar mit Bestimmung der Art, wie es als ein solches thätig sein könne, erkennt. So lässt sich begreifen, warum in dem ganzen Vernunftvermögen nur das Praktische dasjenige sein könne, welches uns über die Sinnenwelt hinaushilft und Erkenntnisse von einer übersinnlichen Ordnung und Verknüpfung verschafft, die aber eben darum freilich nur soweit, als es gerade für die reine praktische Absicht nötig ist, ausgedehnt werden können." [85])

Ein wesentlicher Teil der Würde vernünftiger Naturen, alle moralische Würde derselben besteht in der freiwilligen Aufopferung des physischen Wohlbefindens für das moralische Gebot, in der Aufopferung des Teils für das Ganze. Wer mit der bereitwilligsten Aufopferung, aus reinem Gehorsam für das Moralgesetz dem Wohlbefinden am meisten und ohne Hoffnung alles Ersatzes von der Hand des Menschen oder von der Hand Gottes in dieser oder in einer andern Welt entsagt, der ist ohne Zweifel das grösste und würdigste aller vernünftigen Wesen.

Die neuere Litteratur über Kant ist eine umfangreiche. Nach Dorner [86]) hat Kants Ethik überwiegend negativen Charakter. Dorner sagt: „In der Sphäre der Moralität

85) Kant „Kritik der praktischen Vernunft" ed. R. u. Sch. Teil VIII. pag. 238 u. 239.
86) Dr. A. Dorner „Ueber die Principien der Kantschen Ethik" Aus der Zeitschrift für Phil. u. philos. Kritik von Fichte, Ulrici, Wirth. Halle 1875. pag. 33—88.

giebt es keine äussere Gesetzgebung und keinen äusseren
Zwang. Alles kommt hier darauf an, dass das Gesetz positiv gewollt sei und dass die Maximen von dem positiven
Wollen des Gesetzes bestimmt seien. Wiewohl nun Kant
diese Sphäre als die Tugendsphäre bezeichnet, so bleibt es
doch auch hier bei dem „Soll". Die Pflicht aber als Soll
führt immer einen Zwang mit sich wegen der widerstreben-
den Neigungen. Da nun der Zwang kein äusserer ist, so
sind wir hier im Gebiete des innern Zwanges, des Selbst-
zwanges. In der Tugend ist immer Kampf; ihre erste Bedingung ist Herrschaft über die Neigungen, Selbstbeherr-
schung, und über die Affekte, Apathie. Denn Kant behandelt die Affekte als natürliche Gefühlserregungen
auf gleicher Stufe mit den Neigungen. Freilich ist
der Begriff dieser Herrschaft zweideutig, indem Kant
das eine Mal nur um des Gesetzes willen zu handeln
verlangt und deshalb wie die Neigungen so die Affekte
ausschliesst und Affektlosigkeit für das wahrhaft Sittliche
hält, andererseits aber wie die Neigungen, so auch die
Affekte als durch das Gesetz eingeschränkte Triebfedern anerkennt, indem er meint, dass gewisse Affekte die Ausübung
von Pflichten erleichtern. Es zeigt sich hier das Schwanken
zwischen der das Einzelne, also auch Subjektive aus-
schliessenden Abstraktheit des Gesetzes und dem freundlichen
Verhältnis desselben zum Einzelnen. Jedenfalls aber bleiben
wir, da wir die Neigungen und Affekte nie völlig zügeln,
immer auf dem Standpunkte des Sollens. — Die Tugend
vermag Kant nicht völlig von der Pflicht zu unterscheiden.
„Die Tugend ist die Stärke des Willens des Menschen in
Befolgung seiner Pflicht". Der Vernunftwille zwingt der
für ihn empfänglichen Seite der Willkür Achtung ab, welche
Grundtugend sein soll. Es ist derselbe Vernunftwille, welcher fordert und welcher Achtung einflösst, und nie
wird wegen des beständigen Widerstandes der Neigungen
die Achtung eine vollkommene sein, immer wird sie also,
soweit sie unvollkommen ist, Forderung bleiben, soweit sie

4

aber vorhanden ist, ist sie Erzeugnis des fordernden
Willens. Die Achtung kann hiernach nicht eine von der
Pflicht unterschiedene Tugend sein; sondern das Tugendhafte in ihr ist nichts als die jeweilige Stärke des Vernunftwillens; Tugend ist die jedesmalige Stärke des Pflicht-
bewusstseins. Daher wird die Tugendlehre Lehre von den
pflichtmässigen Maximen, und es kann keine Verpflichtung
zur Tugend geben, weil das nur hiesse, es gebe eine Pflicht
zur Pflicht: „Die Tugend gebietet und begleitet ihr Gebot
durch einen sittlichen Zwang, wozu aber, weil er unwider-
stehlich ist, Stärke erforderlich ist" Die Tugend ist für
Kant natürlich nicht die Fertigkeit, moralische Handlungen
zu vollbringen, da sie sich auf Maximen beschränkt. Allein
gerade hierin liegt noch ein neues Motiv, die Tugend als
Pflicht zu betrachten Die allgemeine Forderung bleibt
bestehen, dass sich die gute Gesinnung bethätigen solle.
Die Tugend also, die sich nur auf Maximen erstreckt, enthält immer ein Soll, weil eine Maxime, ehe sie ausgeführt
ist, immer ein Gesetz ist. Zunächst ist nun nur von einer
Grundmaxime die Rede, der Achtung vor dem Gesetz. So
giebt es also eine Tugend, die Stärke des Vernunftwillens
in dem empirischen Menschen, die verschiedene Grade zulässt. Die Mannigfaltigkeit der Tugenden entsteht durch
Anwendung der Grundtugend auf die in der Empirie gegebenen Verhältnisse. Kant behauptet, dass, um den Neigungen
zu widerstehen, welche zu falschen Zwecken als dem Inhalte
des Strebens der durch sie bestimmten Willkür verleiten,
die Vernunft die Zwecke a priori bestimmen müsse, womit
natürlich nur gemeint sein kann, dass auf Anregung der
Neigungen hin der empirisch vorhandene Stoff als nach der
allgemeinen Maxime der Achtung vor dem Gesetz zu behan-
delndes Objekt, als Zweck in diesem Sinne vorgestellt wird.
Dass die Modifikationen der Handlungen im einzelnen sich
nicht aus der Gesinnung ableiten lassen, zeigt die Formel:
„Handle nach einer Maxime der Zwecke, die zu haben für
jedermann ein allgemeines Gesetz sein kann" Wenn also

Kant sagt, man solle einzelne bestimmte Zwecke haben, die
zugleich Pflicht sind, so meint er damit Zwecke, welche durch
Maximen bestimmt sind, die Tugendpflichten sind.
Die Einleitung der Kantschen Tugendlehre beruht, da
das Verhältuis zur Natur ausgeschlossen ist, auf dem Verhältnis des Menschen zu sich selbst und zu andern. Die
Doppelheit, dass der Vernunftwille einerseits zu der Empirie
sich spröde verhält und nur darauf aus ist, dem empirischen Stoff gegenüber seine Allgemeinheit zu behaupten, andererseits aber doch wieder in das Einzelne einzugehen, es gestalten und durchdringen soll, — macht Kant
hier zum Einteilungsgrunde, indem er unter den Pflichten
gegen sich selbst die der Selbstbehauptung der gesetzlichen
Gesinnung und die der Vervollkommnung aller unserer Anlagen befasst, die Pflichten gegen andere aber in Pflichten
der Selbstbeschränkung andern gegenüber, der Achtung vor
ihnen, und in Liebespflichten, die Anderer Zwecke zu den
unsern zn machen gebietet, einteilt. So zeigt sich auch hier,
sagt Dorner [87]), wie gern Kant ein positives Eingehen des
Vernunftwillens in das Einzelne annehmen möchte. Freilich
bemerkt er sogleich, dass die mehr negativen relativ enge,
die positiven dagegen weite Pflichten seien, woran sich
wieder die Unfähigkeit des allgemeinen Gesetzes zeigt, die
Maximen bis in das Einzelne positiv zu bestimmen. Je po-
sitiver die Pflichten, um so unbestimmter werden sie, je mehr
die Gesinnung sich nur negativ bewähren soll, um so mehr
vermag er in das Einzelne einzugehen, ohne dass deshalb
bei den relativ engen Tugendpflichten Kasuistik ausgeschlossen
wäre. Die weitere Einteilung der Tugendlehre, besonders
die Abgrenzung der einzelnen Pflichten, ist nicht von der
Ansicht eingegeben, dass der Vernunftwille den Trieb hat in
das Einzelne einzugehen, da der einzelne Stoff nicht weiter
durch seine verschiedene Beziehung zu dem Vernunftwillen
geteilt, sondern die Einteilungsgründe einfach den in der
Empirie sich findenden Unterschieden entnommen sind. Die

---

87) Dr. A. Dorner „l. c." pag. 51.

Kantsche Tugendlehre gestaltet sich demgemäss so, dass in
dem Abschnitt über die Pflichten gegen sich selbst zuerst
die der Selbstbewahrung nach der animalischen wie nach
der moralischen Seite als Abwehr von Lastern, die auf der
lasterhaften Maxime der Verachtung des Gesetzes ruhen und
nur durch positives Wollen des Gesetzes überwunden werden,
aufgeführt werden, wozu noch als dritte die Pflicht der Selbst-
erkenntnis hinzukommt. Die weiten Pflichten der Selbstvervollkommnung teilt er wieder nach den Anlagen, die mehr
animalisch oder moralisch sind. Unter den Pflichten gegen
Andere zählt er zuerst die Liebespflichten auf, die er den
drei nicht abgeleiteten Lastern des Menschenhasses entgegen-
stellt, und lässt dann die Pflichten der Achtung vor Andern
folgen, die er nur nach den entgegengesetzten Lastern ein-
zuteilen weiss, in deren Bekämpfung sich die Achtung vor
dem Gesetz negativ bewähren soll. Im Anhang redet er von
der Freundschaft als der innigsten Vereinigung von Liebe
und Achtung und von den geselligen Tugenden, die wesentlich ästhetischer Natur sein sollen. Seine angehängte Me-
thodenlehre hätte Kant besser im System unterbringen können,
die Didaktik bei den weiten Pflichten gegen andere, die Asketik
bei den engen Pflichten gegen sich selbst. Das Verhältnis
des Einzelnen zu der Gemeinschaft wird garnicht in der Tugendlehre berücksichtigt, dagegen in der Religionslehre teilweise behandelt. Dorner sagt weiter [88]): Um das Ungenü-
gende der Einteilung der Pflichten in solche gegen sich und
andere zu zeigen, erwähnen wir die negativen Pflichten des
Menschen gegen sich als moralisches Wesen, Vermeidung der
Lüge, der Kriecherei und des Geizes. Dass der Geiz eine Verletzung der Pflicht gegen sich selbst sei, zeigt Kant, indem er den
kargen Geiz besonders hervorhebt, welcher uns hindert, uns
selber gütlich zu thun, soweit es nötig sei, um nur am Leben Vergnügen zu haben, während er doch selbst das Wesen des Geizes in die falsche Maxime legt, den Besitz als
solchen sich zum Zwecke zu machen, als ob damit nicht grade

---

88) Dr. A. Dorner „l. c." pag. 54.

so gut Wohlthätigkeit gegen andere unmöglich gemacht wäre. Wenn er ferner Kriecherei zu meiden als Pflicht gegen sich, Hochmut zu meiden als Pflicht gegen andere hervorhebt, so bemerkt er doch selbst wieder, dass der Hochmut auch Verletzung der eigenen Menschenwürde sei, dass er auch kriecherisch und niederträchtig sei, wie auch Kriecherei hochmütig sein könne. Wenn er endlich die Lüge nur zu den Lastern gegen sich selbst zählt, so ist gewiss zu loben, dass er auf das den Lügner Entehrende der Lüge aufmerksam macht, allein nicht zu übersehen, dass in der Lüge ebenso eine Verachtung des andern enthalten ist, also eine Verachtung der Menschenwürde überhaupt.

Auch die Einteilung in positive und negative Pflichten, Pflichten der Selbstbewahrung und Selbstvervollkommnung, sowie in positive und negative Pflichten gegen andere könnte man mit Recht, sagt Dorner [89]), beanstanden. Denn dass in dem Abweisen eines falschen Widerstandes der Neigungen zugleich eine Kräftigung der Maxime, eine Vervollkommnung der moralischen Stärke liegt, ist in sich klar; und ebenso wird die positive Pflicht der Vervollkommnung von selbst das Mass in sich tragen, durch welches sie die falschen Maximen ausschliesst Diese ganze Einteilung in positive und negative Pflichten hängt bei Kant noch dazu mit jenem doppelten Begriff des allgemeinen Gesetzes zusammen. Man sieht, wie Kant versucht, über eine bloss negative Ethik hinauszukommen, sein allgemeines Gesetz ihn aber doch hindert, eine positive Ethik aufzubauen; das zeigt sich an der auf die äussere Glückseligkeit eingeschränkten Thätigkeit für andere. Das erhellt noch mehr bei den Pflichten der Selbstvervollkommnung, wo Kant sich ganz im allgemeinen hält und Lauterkeit und Heiligkeit, vollkommene Herrschaft über die Neigungen empfiehlt, sowie die Ausbildung aller Anlagen, die alle in den Dienst der Vernunft zu nehmen seien, ohne dass ihr Wertverhältnis untereinander ethisch irgend wie bestimmt wird, so dass also Kollision der Pflichten nicht zu

---

89) Dr. A. Dorner „l. c." pag. 55.

vermeiden ist. In der Kantschen Tugendlehro finden wir
nach Dorner eine Reihe von Pflichten, welche unter einander nicht in Verhältnis gesetzt sind.

Mit strenger Kritik gegen Kant verfährt Ernst Laas
„Kants Analogien der Erfahrung" Berlin 1876. Laas ist
nicht zu den Kantianern zu rechnen, neigt vielmehr, sagt
Ueberweg [90]), in diesem Werke zur Annahme einer Vielheit
von dynamisch gegenseitig abhängigen, zu einem ein-
heitlichen selbstgenügsamen Weltsystem zusammengo:
schlossenen Substanzen und eines wirklichen Geschehens in
einer transcendenten Zeit. Ausser verschiedenen auf Pacda-
gogik und Geschichte derselben bezüglichen Werken hat
Laas noch verfasst: „Idealismus und Positivismus". [91]) Er
bekennt sich hierin zu dem Positivismus, den er nicht durchaus im Sinne Comtes fasst; vielmehr führt er seine Denkart
auf Protagoras, unter den Neueren auf Dav. Hume und
Stuart Mill zurück und versteht unter Positivismus diejenige
Philosophie, welche keine andern Grundlagen anerkennt
als positive Thatsachen d. h. äussere und innere Wahrneh-
mungen, und welche von jeder Meinung fordert, dass sie
die Thatsachen, die Erfahrungen, auf denen sie ruht,
nachweise.

Kant erscheint zwar nach Laas [92]) die unbedingte
Notwendigkeit gelegentlich als der wahre Abgrund für die
menschliche Vernunft: aber er kann gleichwohl von diesem
Gebilde schauderhafter Erhabenheit nicht los: es sinkt der
Boden, wenn er nicht auf dem unbeweglichen Felsen
des absolut Notwendigen ruht. „Das ganze All müsste
im Abgrunde des Nichts versinken, nähme man nicht
etwas an, das ausserhalb dieses unendlichen Zufälligen

90) Friedrich Ueberweg „Grundriss der Geschichte der Philosophie." III Teil. Die Neuzeit. VI. Auflage. Berlin 1883. pag.
428 und 429.
91) Ernst Laas „Idealismus und Positivismus". Eine kritische
Auseinandersetzung. 1. allgemeiner und grundlegender Teil. Berlin
1879. 2. idealistische und positivistische Ethik. Berlin 1882 und 3.
idealistische und positivistische Erkenntnistheorie." Berlin 1884.
92) Laas „Idealismus und Positivismus." I Teil. pag. 119.
Kants Stellung zum Unbedingten betreffend.

für sich selbst ursprünglich und unabhängig bestehend, dasselbe hielte." [Kritik der reinen Vernunft] Wir finden
Kant bemüht, sagt Laas, solbst die höchsten und allgemeinsten
Thatsächlichkeiten des empirischen Daseins von ihrer blossen
Facticität [Zufälligkeit] und bloss comparativen Allgemeinheit
frei zu machen. Kants Lehre von der Autonomie der praktischen Vernunft ist, sagt Laas [93]), abgesehen von dem ganz
eigentümlichen und neuen Gedanken, dass die bloss gesetzgebende Form der Maximen allein der moralische Bestimmungsgrund des Willens sei — nur eine schulsprachliche
Formulirung des alten sokratisch-platonischen Dogmas.

„Neben dem spontanen Vorstande, der die Quelle der
Kategorien und der die Erfahrung beherrschenden, obersten
Gesetze ist, giebt es nach Kant — sagt Laas [94]), eine Geistes-
kraft von noch höherer Spontaneität, die Vernunft, die Quelle
derjenigen geistigen Gebilde, die er nun in specialisierter
Anwendung mit wiederholter Beziehung auf Plato „Ideen"
nennt. Die Vernunft, als reine Selbstthätigkeit, ist sogar darin noch über den Verstand erhaben, dass, obgleich dieser
auch Selbstthätigkeit ist, und nicht wie der Sinn bloss Vorstellungen enthält, die nur entspringen, wenn man von Dingen
afficiert [mithin leidend] ist, er dennoch aus seiner Thätigkeit keine andern Begriffe hervorbringen kann, als die,
welche bloss dazu dienen, um die sinnlichen Vorstellungen
unter Regeln zu bringen — ohne welchen Gebrauch der
Sinnlichkeit er gar nicht denken würde, da hingegen die
Vernunft unter dem Namen der Idee eine so reine Spontaneität zeigt, dass der Mensch dadurch weit über alles, was
ihm Sinnlichkeit nur liefern kann, hinausgeht. Um deswillen
muss ein vernünftiges Wesen sich selbst als Intelligenz —
nicht als zur Sinnen-, sondern zur Verstandeswelt gehörig,
ansehen; mithin hat es zwei Standpunkte, daraus es sich
selbst betrachten kann, einmal sofern es — wie die Tiere —
zur Sinnenwelt gehört, unter Naturgesetzen, zweitens, als zur
intelligibeln Welt gehörig, unter Gesetzen, die von der Natur

---

93) Laas „Idealismus und Positivismus." I Teil. pag. 147.
94) Laas „Ideal. u. Pos." I Teil. pag. 158 u. 159.

unabhängig, nicht empirisch, sondern bloss in der Vernunft
gegründet sind."

Kant wob aus dem Gedanken, sagt Laas [95]), dass Erscheinung doch immerhin etwas voraussetze, was da erscheine,
und aus der in den reinen Verstandesbegriffen doch immerhin
liegenden, wenn auch unausführbaren Anweisung auf intelligible d. h. von den Bedingungen der Sinnlichkeit absolut
befreite Substanzen und Ursachen, und aus der Thatsache
des Imperativs der autonomen Vernunft „du sollst" — er
wob aus diesen den praktisch-moralischen Glauben an eine
intelligible Freiheit des Menschen, [im Unterschiede vom
Tiere] an eine Weiterexistenz der menschlichen Persönlichkeit über den Tod hinaus und schliesslich auch, um dem
sittlich strebenden Menschen die Realisierbarkeit seiner moralischen Ziele zu sichern und ihn nicht in Resignation oder
gar Verzweiflung fallen zu lassen, den Glauben an einen
intelligenten und moralischen Welturheber, für dessen Ver-
nünftigkeit und technische Kunst er im übrigen alles das,
was von Zweckmässigkeit in der Welt angetroffen wird, un-
terstützendes Zeugnis ablegen liess. So objektiv fundiert
dieser [letzten Grundes auf dem Pflichtbegriff ruhende] Got-
tesglaube dem Philosophen auch erscheint, so mag er ihn
doch nicht für mehr gelten lassen, als für das, was er unter
Glauben versteht.

Die wissenschaftliche Ethik muss es versuchen, sagt
Laas [96]), dem sittlichen Guten ohne Excursionen ins Ueber-
sinnliche seinen Wert zu gründen. Die ethischen Verbind-
lichkeiten wachsen aus menschlichen Verhältnissen natürlich
hervor — wenn auch unterstützt durch Religion. Die Pflicht
wird auch von denen erfüllt, welche nicht glauben, um Gottes Willen dazu verbunden zu sein. Mit Kant darf man
wohl behaupten, dass nicht Religion die Pflicht, sondern
eher das Pflichtgefühl die Religion wissenschaftlich zu stützen

---

95) Laas „Ideal. u. Pos." I Teil. pag. 173.
96) Laas „Ideal. u. Pos." II Teil: Idealistische u. positivistische Ethik." Berlin 1882. pag. 95.

imstande wäre. Als ein Nachklang Clarke-Wollaston'scher
Gedanken ist nach Laas ⁹⁷) diejenige Seite der Moral Kants
zu betrachten, nach welcher die Verbindlichkeit des sittlich
Guten aus dem Begriff der Allgemeinheit und Notwendigkeit,
aus der blossen Form des Gesetzes als solchen abgeleitet
und die Unsittlichkeit einer Maxime dadurch erwiesen werden soll, dass sie in Widersprüche führt. Er beruft sich
zwar nicht direkt auf die Logik, sondern auf eine dem Plato
und Aristoteles nachgebildete praktische Vernunft; aber
schon Herbart hat bemerkt, dass diese vermeintlich praktische Vernunft, , wenn man sie genau nach ihren Worten
auffasst," doch nur „eine logische Vernunft" sei. „Sie weiss dem
so hochgehaltenen Imperative keinen andern Inhalt zu geben, als
nur die logische Allgemeinheit und wenn sie vorgelegte
Maximen beurteilt, hat sie für deren Richtigkeit nur das logische Kriterium, dass sie, allgemein gedacht, sich widersprechen." Stünden nicht vor aller kritischen Reflexion
schon gewisse praktische Notwendigkeiten fest, die durch
etwas Anderes als die Form der Allgemeinheit bestimmt sind,
so wäre überhaupt gar nichts da, woran der Widerspruch
hervorträte. Um z. B. die allerkürzeste und doch untrüg-
liche Antwort auf die Frage, ob ein lügenhaftes Versprechen
pflichtmässig sei, zu finden, fragt Kant sich selbst: Würde
ich wohl damit zufrieden sein, dass meine Maxime mich
durch ein unwahres Versprechen aus Verlegenheit zu ziehen,
als ein allgemeines Gesetz gelten soll? . . . . nach einem
solchen würde es eigentlich gar kein Versprechen geben,
mithin meine Maxime sich selbst zerstören müsse." Laas
wirft fragend ein: Wie so „sich selbst"? Doch nur deshalb,
weil sie die als objektiv wertvoll vorausgesetzte Möglichkeit,
Versprechen mit Vertrauen erweckender Kraft zu geben,
zerstört! Wenn nicht bestimmt ist, was dabei herauskommen
soll, lässt sich überhaupt jede beliebige Maxime zu einem
allgemeinen, für alle gleichen Gesetze erheben. So läuft auch
das logische Verfahren Kants in eine petitio principii hinein.

---

97) Laas „Ideal. u. Pos." II Teil. pag 123.

Diese Kantsche Methode ist letztlich, sagt Laas, doch nichts anders, als die etwas vornehmere Formulierung des alten Gedankens, bei allem, was man einem Andern thun will, sich an dessen Stelle zu denken.

Gegen Kants Meinung — Pflicht kann nichts Minderes sein, als was den Menschen über sich selbst erhebt, die Anforderungen an das Selbst und die eigene Persönlichkeit setzen sich aus verschiedenen allgemeinen Ehrenpflichten zusammen — sagt Laas [98]): Die eigentlich begründenden Gedanken sind den Vertretern der Ehre nicht immer gegenwärtig. Bei manchen hat sich die Ueberzeugung festgesetzt, dass nur unter Einhaltung dieser Pflichten ihre Existenz zu behaupten. Die sogenannte Ehre gebietet faktisch mancherlei Indifferentes und noch mehr sittlich Bedenkliches [z. B. Duell]. Für die Moral müssten diejenigen Ehrenpflichten und Ehrenrechte Bedeutung besitzen, welche in permanenten Lebensverhältnissen ihre Wurzel haben; an erster Stelle diejenigen, welche dem Menschen als solchem zukommen. Was die Kantsche Auszeichnung angeht, sagt Laas [99]), so ruht sie auf den beiden höchst zweifelhaften Voraussetzungen der platonischen Anthropologie: 1. dass der Mensch ursprünglich und specifisch durch die sogenannte Vernunft vom Tiere unterschieden sei. 2. dass ihn seine Bestimmung über sich selbst, als einen Teil der Sinnenwelt hinausweise. Wir können keine über unsere Sinnenwelt hinausführende Bestimmung des Menschen; auch können wir einen absoluten Unterschied weder in Beziehung auf die Gegenüberstellung Mensch und Tier, noch in Bezug auf Geist und Sinnlichkeit zugeben.

Gegen die Gewissenstheorie Kants wendet sich Laas [100]) mit den Worten: Auch der komplicierte Apparat, den Kant für das Zustandekommen gewissenhafter Pflichterfüllung und die nachträgliche Beurteilung der Thaten in Bewegung setzt,

---

98) Laas „Idealistische und positivistische Ethik." Berlin 1882. pag. 134. fgl.

99) Laas „Ideal. u. pos. Ethik." Berlin 1882. pag. 140.

100) Laas „Ideal. u. pos. Ethik." Berlin 1882. pag. 156.

empfiehlt seine Lehre nicht. Laas nennt Kants Fassung
einseitig und giebt der gewöhnlichen Gewissenstheorie den
Vorzug. Das Gewissen ist nach Laas ein erworbenes Gesetz Seine Aussprüche beruhen letzten Grundes auf Heteronomie. Sein in reifem Bewusstsein zwischen Heteronomie und Autonomie schwankender Charakter entspricht
dem Grade, mit dem das Individuum sich jedesmal mit seinen
Forderungen identificiert oder nicht.

Die positivistische Moral läuft nach Laas [101]) zu drei
ins Unendliche weisenden Idealen aus: 1. das höchste Gut,
2. die höchste Pflicht und 3. die höchste Tugend. Die
höchste Pflicht ist: alle Handlungen auf die Herbeiführung
des höchsten Gutes so zweckmässig als möglich zuzubereiten.
Das Facit aller Deduktionen und Beweisversuche, sagt
Laas [102]), ist einerseits, dass „die oberste Gesetzgebung der
Natur in uns selbst d. i. in unserem Verstande liegt" und
andererseits „dass der Verstand a priori niemals mehr leisten könne, als die Form einer möglichen Erfahrung überhaupt zu anticipieren; und . . . . . dass er die Schranken der
Sinnlichkeit, innerhalb deren uns allein Gegenstände gegeben
werden, niemals überschreiten könne."

Das Jubeljahr der Kritik der reinen Vernunft, also des
erkenntnistheoretischen Grundbuches, brachte uns auch mehrere Schriften, die zum Teil in ausdrücklichem Gegensatze
gegen die übliche einseitige Bevorzugung der Vernunftkritik
die hohe Bedeutung der Kantschen Ethik im Bewusstsein
der Zeitgenossen lebendig und fruchtbar zu machen bemüht
sind. Volkelt sagt in der Zeitschrift für Phil. u. philos.
Kritik [103]): Im Jahre 1788 rief Jean Paul einem Freunde
zu: Kaufen Sie sich ums Himmels willen zwei Bücher:
Kants Grundlegung zur Metaphysik der Sitten und Kants
Kritik der praktischen Vernunft. — Kant ist kein Licht der

101) Laas „Ideal. u. pos. Ethik" XXV. die Tugenden. pag. 293.
102) Laas „Idealismus u. Positivismus." III Teil. Idealistische
und positivistische Erkenntnistheorie." Berlin 1884. pag. 391.
103) Zeitschrift für Phil. u. phil. Kritik von Fichte u. s. w.
1882. I. Heft. Volkelt „Wiedererweckung der Kantschen Ethik."

Welt, sondern ein ganzes strahlendes Sonnensystem auf einmal" Der begeisterte Dichter hat auch heute noch Recht. Man mag mit den näheren Ausführungen der Kantschen Ethik nicht übereinstimmen, ja sehr viele ihrer principiellsten Sätze einseitig, dürftig und wenig verständlich für die berechtigten Bedürfnisse einer vollen und warmen Menschlichkeit finden, und dennoch wird es trotz noch so vieler ungenügender Seiten an ihr stets wahr bleiben, dass von gewissen einfachen Grundbestimmungen derselben eine wahrhaft sonnenklare Erleuchtung der ganzen ethischen Welt ausgeht. Fragt man nach der principiellsten Stellung dieser Welt zum Reiche der Natur, nach dem Verhältnisse des Sittlichen zum letzten Sinne alles Daseins, nach der Bedeutung des Guten und der Pflicht, nach dem Kerne und Schwerpunkte alles Menschenwerkes, so erhält man aus dem Geiste, in dem seine Moralphilosophie geschrieben ist, für alle diese Fragen zwar keineswegs abschliessende und erschöpfende, doch aber auf die richtigen Wege mit siegreichem Lichte hinweisende Antworten. Die finstern, bedrückenden Nebel, die das Gebiet des Sittlichen, diese von allem Natürlichen grundverschiedene Welt der Werte, nur allzu oft unsere Augen verdunkeln oder mit dem natürlichen Geschehen der irdischen Welt in Eins zusammenrinnen lassen, werden mit einem Schlage durch die klare Luft der Kritik der praktischen Vernunft verscheucht.

Ganz anders urteilt, um einen der bedeutendsten Wiedererneuerer der Kantschen Philosophie zu nennen — F. A. Lange. Er schreibt an Kant allein dem Grundgedanken seiner Erkenntnistheorie eine für alle Zeiten giltige Bedeutung zu. Die Kritik der praktischen Vernunft gilt ihm lediglich als ein Abfall von dem Geiste der Kritik der reinen Vernunft, als ein rein subjektiver Versuch, sich die ethischen Fragen in transcendenter Weise zurechtzulegen. Aehnlich urteilt Vaihinger. In seinem Buche über Hartmann, Dühring und Lange fordert er in der entschiedensten Weise den Rückgang auf Kant. Aber immer ist es nur Kant als „Vater der Erkennt-

nistheorie", von dessen Wiederbelobung eine heilvolle Reform
der Philosophie erwartet wird. Mit Lange hält er es für
einen Fehler Kants, dass er in seiner Ethik für die Ideen-
welt objektive Giltigkeit beanspruchte und so über das negative Ergebnis der Kritik der reinen Vernunft hinausgiug.
Hiermit ist die Kritik der praktischen Vernunft vollständig
verurteilt. Ich führe hier nicht, sagt Volkelt, [104]) verein-
zelte Aeusserungen über den Wert des Moralphilosophen
Kant an. Dieses abschätzige Urteil gehört vielmehr zu dem
allgemeinen Charakter der ganzen neueren sich an Kant an-
schliessenden Bewegung. Diese Bewegung entsprang aus
der richtigen Einsicht, dass die nachkantische Speculation
den grossen Sinn der Vernunftkritik viel zu wenig gewür-
digt habe.

Kant verfolgte in seiner Vernunftkritik letzten Endes
die Absicht, durch die Vernichtung alles metaphysischen Er-
kennens, mag es die Dinge der übersinnlichen Welt zu beweisen oder zu widerlegen suchen, „den Boden zur Errichtung
der majestätischen sittlichen Gebäude eben und baufest zu
machen". Er wollte uns durch Aufhebung des Wissens „die
selbst von der schärfsten Vernunft gerechtfertigte Sprache
eines festen [ethischen] Glaubens" sprechen lehren. Dieser
ganze positive ethische Teil seiner Philosophie wurde als der
unkritische, wenig würdige, schwächliche Abschluss seines
kritischen Werkes angesehen, das es mit so starkem und
scharfem Geiste begonnen habe. Jetzt, sagt Volkelt, ist es
Zeit, dieser Meinung entschieden zu widersprechen und seine
ethischen Grundgedanken, die einst so kräftigend und stählend
auf den deutschen Geist gewirkt, wieder zum Heile unseres Menschengeschlechts energisch zu verkündigen. Wir
dürfen „die Rückkehr zu Kant" nicht mehr einseitig als ein
Zurückgreifen auf die erkenntnistheoretische, zu Bescheiden-
heit und Skepsis führende Grundlage seines Systems betrachten; es ist die Aufgabe der heutigen Philosophie, jenes
Schlagwort auch in einem zweiten hochwichtigen Sinne zur

104) Zeitschrift für Phil. u. phil. Kritik." 1832. pag. 37. fgl.

Wahrheit zu machen: in dem Sinne einer Wiederbelebung des Bewusstseins von dem bleibend wahren Gehalte in Kants ethischen Grundgedanken und einer Verwertung derselben zum Aufbau einer freilich über Kant weit hinausführenden Ethik und Metaphysik.

Dass in allem sogenannten Moralischen nichts Anderes vorgehe, als bei den gewöhnlichen Naturvorgängen, ist eine sich für ganz besonders aufgeklärt und starkgeistig haltende Ueberzeugung. Der einfache kausale Zusammenhang der Dinge soll, wenn sich auf seiner Grundlage die Verhältnisse des moralischen Fühlens und Wollens aufbauen, in keiner Weise eine principielle Höherbildung oder innerliche Umgestaltung erfahren. In weiten Kreisen gilt es als eine veraltete Meinung, wenn man in den moralischen Verhältnissen ein mit allem Naturgeschehen unvergleichliches Gebiet erblickt. Und doch muss es für Jeden, der sein moralisches Erleben energisch und unbefangen auffasst, unmittelbar gewiss sein, dass sich da, wo von Pflicht, Tugend, Achtung, Verantwortlichkeit, Reue, Strafe u. s. w. die Rede ist, eine neue Welt aufthut: die Welt des Sollens, der freien Selbstbestimmung des innern Wortes. Grade in unserer Zeit hat sich das Vorurteil eingeschlichen, dass ein über die Natur hinausliegendes Gebiet des Geistigen und Moralischen eine Unmöglichkeit sei und von vornherein das Gepräge der Unwirklichkeit handgreiflich zur Schau trage. Grade in einer solchen Lage der Kultur müsste die Wiederbelebung der Kantschen Ethik wahrhaft rettend eingreifen. Kant wird nicht müde einzuprägen, dass „der gute Wille," und mag er auch dem schlichten Manne angehören und sich auf den unscheinbarsten Gegenstand beziehen, aus einer von allen Naturerscheinungen grundwesentlich verschiedenen Welt stamme Der „gute Wille" bestimmt sich nach dem unbedingten Gebote des „Sollens", er macht sich durch Freiheit zu dem, was er ist Ihm allein kommt daher „absoluter Wert" oder „Würde" zu; der Mensch existiert als „Person" und insofern als „Zweck an sich selbst." So führt uns der gute Wille

zu der fruchtbaren Ueberzeugung von einem „Reiche der
Zwecke." Ja, das gute Wollen ist geradezu der Eudpunkt
alles Daseins und seine Rechtfertigkeit. Die Welt letzten
Endes erhält nur durch das Ethische Sinn und Bedeutung.
Bei keinem Philosophen stellen sich uns jene ethisch-metaphysischen Grundwahrheiten in so einfacher, im besten Sinne
nüchterner Weise dar, nirgends werden sie in so erweckendem, aufrüttelndem Tone verkündet als bei Kant. Wenn
nicht alle Anzeichen trügen, so hat sich in der letzten Zeit
eine Aenderung in unserer Kantischen Bewegung zu regen
begonnen. Kant wird nicht mehr so einseitig wie noch vor
kurzem als Verfasser der Kritik der reinen Vernunft gepriesen, sondern auch als Verkündiger des kategorischen
Imperativs, als Erbauer einer ethisch fundierten Idealwelt den
Zeitgenossen ans Herz gelegt.

Heinrich Romundt [105]) macht es sich zur Aufgabe,
Kants Lehren von Tugend, Freiheit, Unsterblichkeit und Gott
als das „gemeine System der menschlichen Vernunft" zu
erweisen. Viel kritischer zur Kantschen Ethik stellt sich
Edmund Pfleiderer. [106]) Seine Schrift zeigt eine ganz andere
Haltung: ihr Grundton ist nicht, wie dort, keusche, künstlerische Contemplation, sondern energische Wachrüttelung.
Alles in ihr ist eindringlicher, bestimmter, unzweideutiger.
Sie lässt uns über die schweren Mängel der Kantschen
Moralphilosophie nicht in Zweifel; daneben aber ist Pfleiderer
unermüdlich bestrebt, nachzuweisen, wie treffend und bleibend
brauchbar die Kerngedanken sind, die Kant im ernstlichsten
Ringen mit den wichtigsten ethischen Problemen ans Licht gestellt habe. Fast keiner vor Kant habe das „Sollgefühl", dieses
„Gefühl des Billigens und Nichtbilligens" mit seinem „energisch spornenden und fordernden Character" als „Herzpunkt
des Ethischen" philosophisch erfasst. Es sei ganz in der

105) H. Romundt „Antaeus, neuer Aufbau der Lehre Kants über
Seele, Freiheit und Gott." Leipzig 1882.
106) Dr. Edmund Pfleiderer „Kantischer Kriticismus und englische Philosophie " Eine Beleuchtung des deutsch-englischen Neu-Empirismus der Gegenwart als Beitrag zum Centenarium der Kritik der
reinen Vernunft" Halle. C. E. M. Pfeffer. 1881.

Ordnung, dass Kant die „Eigengeistigkeit des Sittlichen" im intensivsten Sinne fordern und das „innerste Centrum unseres höheren Wesens" zum „Urtribunal" für alle ethische Wertgebung mache. Drücke er sich auch nicht wörtlich so aus, so wurzele er doch sachlich vollkommen in dem Boden der grossen Wahrheit, dass alles ethische Urteilen ausgehe von der „überpersönlichen" und darum völlig unparteiischen Vernunftstimme in uns, von dem überindividuellen, rein moralischen Weltauge, zu dem wir uns machen sollen.

Als Resultat der Untersuchung ergiebt sich, dass die KantschePflichtenlehre, welche ihrer kalten Strenge wegen so viel angefeindet und geschmäht worden ist, [107] nicht nur sehr wohl eine mildere Auffassung zulässt, sondern dass sich unter der rauhen Schale, unter der äusserlich abstossenden Form derselben, auch ein sehr edler und gediegener Kern von bleibendem Werte verbirgt. Was das positive Resultat der Untersuchung anlangt, so lässt sich jener bleibende Kern, welcher in der Kantschen Pflichtenlehre enthalten ist, in folgende Sätze etwa zusammenfassen: „Es giebt einen Unterschied zwischen guten und bösen, oder sittlich lobenswerten und sittlich tadelnswerten Handlungen resp. Willen. Die Berechtigung zu solchem Unterscheiden, zu solchem Loben und Tadeln ist allgemein anerkannt und damit auch gewisse Gesetze, nach welchen sich das menschliche Wollen richten soll. Die Sittenlehre ist die Wissenschaft von diesen Normalgesetzen oder Ideen des Willens oder vom Sittlichguten. Will man das Fundament dieser Wissenschaft d. h. denjenigen Grund, von welchem nicht nur alle jene Gesetze abzuleiten sind, sondern aus welchem auch alle die mannigfaltigen ethischen Erscheinungen, wie z. B. die Berechtigung zu Lob und Tadel, die Stimme des Gewissens, das Schuldbewusstsein und das damit zusammen-

---

107) Schopenhauer „Grundlage der Moral."
Dr. E. M Friedrich Zange „Ueber das Fundament der Ethik." Gekrönte Preisschrift. Leipzig 1872. pag. 215.
Dr Otto Lehmann „Ueber Kants Principien der Ethik und Schopenhauers Beurteilung derselben." Eine kritische Studie. Berlin 1880.

hängende Freiheitsbewusstsein genügend erklärt werden können, so muss man sich vor allem eines klaren Begriffes vom Sittlichguten versichern. Sittlich gut ist aber nach dem gemeinen moralischen Bewusstsein nur das Wollen und Handeln aus Pflicht d. h. derjenige Wille, welcher zwar aus einem durch ein zufälliges Begehrungsobjekt oder Motiv erweckten Begehren hervorgegangen, aber nur durch die letztentscheidende Einwirkung der allgemeingültigen formalen Gesetze zum wirklichen Willen geworden ist. Die stets lebendige und bewusst oder unbewusst allen möglichen Willensentstehungen entscheidungsmächtig beiwohnende Achtung für das Gesetz oder Liebe zum Guten, diese beharrende Gesinnung allein ist die Mutter aller guten Willen. In jenem Ausspruch des gemeinen moralischen Bewusstseins, dass nur die gänzlich uneigennützigen Handlungen aus Pflicht sittlich gute seien, in jener Achtung für das Sittengesetz, wie sie sich einmal in der allgemein geübten, unwillkürlichen Beurteilung der menschlichen Handlungen, dann in der warnenden Stimme des Gewissens vor und in der Reue und in dem quälenden Schuldbewusstsein nach einer bösen That, endlich aber in der Freude und innern Zufriedenheit nach einer guten That kundgiebt, spricht sich das allgemeine Bewusstsein aus, dass der Mensch an gewisse allgemein gültige Gesetze [wie z. B. das der Wahrhaftigkeit, der Nächstenliebe, der Gerechtigkeit u. s. w.] unmittelbar, ohne irgend ein materielles Interesse und unauflöslich gebunden ist, so dass er notwendig in Uebereinstimmung mit ihnen handeln muss, wenn er nicht in Konflikt mit jener seiner unmittelbaren Achtung für das Gesetz und somit in innere Disharmonie geraten will. Dieses völlig interesselose und doch unauflösliche Gebundensein an die allgemein gültigen Sittengesetze ist aber auf keine andere Weise möglich und denkbar, als wenn sie sich der Mensch von vornherein, so zu sagen, selbst gegeben hat d. h. wenn sie ursprünglich mit seinem idealen Wesen gegeben sind. Sie gehören mit zu dem ewigen Teil seines Wesens und mit ihrer

Verleugnung giebt er sich selbst auf, hört er auf, ein Mensch
d. h. ein sinnlich vernünftiges Wesen zu sein. In dieser
Autonomie, von welcher eine innere Nötigung zum sittlich
guten Wollen ausgeht, verbunden mit der auf dem sinnlichen
und darum veränderlichen Teil des menschlichen Wesens be-
ruhenden Möglichkeit, sich jenen idealen Gesetzen gemäss
in der Erscheinung darzustellen resp. eine solche Darstellung
anzustreben, besteht die Freiheit, auf welche auch das Schuldbewusstsein und die Verantwortlichkeit zurückzuführen ist,
nicht in einer Willkür oder Wahlfreiheit. In der völligen
Uebereinstimmung aller concreten Einzelwillen in der Erscheinung mit jenen selbstgegebenen Gesetzen oder in der
Darstellung des idealen Wesens der Menschheit in der er-
scheinenden Wirklichkeit besteht die sittliche Freiheit, welche ein anzustrebendes Ideal ist." [108])

Es ist eine nicht leicht wegzuleugnende Thatsache, dass
in jedem Stadium des Daseins sich dem Menschen das Gefühl aufdrängt, dass er nicht ist, was er sein soll. Diese
Thatsache ist nur begreiflich, wenn der Entwickelung und
dem Werden des Einzelnen und der Gesellschaft ein festes
Ziel gesteckt und die Möglichkeit gegeben ist, zu demselben
zu gelangen. Die Seele, welche fühlt, dass sie nie ist, wie
sie sein soll, muss jedenfalls eine Ahnung haben von ihrem
Zweck und dem Bewusstsein, in einem fortwährenden Process der Entwickelung sich zu dem machen zu können, was
sie sein soll. Aber ohne ein immanentes, den Verlauf
dieses Processes bestimmendes Ziel ist dieser Process
undenkbar, weil sein Resultat nicht ein unbestimmtes,
zufälliges, wüstes Werden sein soll. Es muss demnach dem
Menschen in seinem Streben, seinem Werden und Wachsen
ein bestimmtes Ziel gesetzt und dieses Ziel für alle ein wesentlich gleiches sein, weil alle Individuen wesentlich gleiche
sind und sein müssen, um Menschen im Plural zu sein und
als solche einander zu erkennen und anzuerkennen. Die

---

108) Dr. E. M. F. Zange „Ueber das Fundament der Ethik."
pag. 218.

Thatsache des Gefühles eines Seinsollenden in der Seele,
sagt Schramm, [109]) ist demnach ein Beweis für ihre ethische
Bestimmung Sie kommt hierdurch zum Bewusstsein, dass
ihr ein Ziel gesetzt ist, dem sie in ihrem Leben, ihrer Entwicklung, ihrem Wollen und Handeln zustreben soll. Aber
das zweite Gefühl, dass wir nicht sind, was wir nicht sein
sollen, vermag in uns nichts Anderes zu erzeugen als das
Bewusstsein, dass wir etwas Anderes sein sollen, als wir
sind. Um nun ihrem Streben die richtige Bahn zu zeigen,
auf der wir zu dem bestimmten Ziel unseres Seins gelangen können, tritt zu dem ethischen Gefühl des Anders-
seinsollens noch der ebenfalls empirische Trieb nach Vervollkommnung d. h. nach der Entfaltung, Ausbildung und
Bethätigung aller körperlichen und geistigen Fähigkeiten, die
zu einem harmonischen Ganzen vereinigt die Bestimmtheit
und das Wesen des Individuums ausmachen. Zunächst strebt
derselbe nur eine Vervollkommnung der natürlichen Kräfte
in quantitativer Beziehung an, die aber notwendig ist, weil
ohne sie der Mensch als ein natürliches, mit einem organi-
schen, natürlichen Leib versehenes Wesen seinen Geist nicht
bethätigen kann, wenn ihm nicht die Natur die notwendigen Mittel an die Hand giebt. Obgleich aber
die natürliche, quantitative Ausbildung eng zusammenhängt
mit der ethischen Vervollkommnung, so ist sie doch nicht
die conditio sine qua non derselben. Denn wie uns die Erfahrung zeigt, hat grade unsere Zeit die natürlichen
Kräfte des Menschen, seine Kenntnis der Natur und seine
Herrschaft über dieselbe in einem Grade erweitert, dass die
europäische Menschheit mit Stolz auf dies Säculum zu-
rückblicken kann; ob jedoch die sittliche Vervollkommnung mit der Entwicklung der natürlichen Kräfte des Menschen gleichen Schritt gehalten hat, dürfte zu bezweifeln
sein. Umgekehrt kann eine hohe ethische Vollkommenheit ohne die natürliche bestehen, da der Kern nicht liegt
im äussern Thun und Wirken, sondern in der Gesinnung,

109) Dr. Schramm „Kants kategorischer Imperativ nach seiner
Genesis und Bedeutung für die Wissenchaft." Bamberg 1873. pag. 70.

den Motiven und Zwecken. Das Handeln ist bloss die Aussenseite, die Erscheinung der Sittlichkeit, die sich freilich ohne allen Dienst der natürlichen Kräfte nicht äussern kann; aber der Mensch fühlt nicht bloss einen Trieb, seine natürlichen Kräfte immer mehr auszubilden, sondern auch die ethische Seite seines Wesens zu vervollkommnen Ihren Anschluss wird diese Vervollkommnung finden in der verwirklichten Idee d h. wenn das Individuum und die Gesammtheit bei der Verwirklichung ihres Gattungsbegriffes angekommen sind, wenn der Einzelne und die ganze menschliche Gesellschaft sind, was sie sein sollen, nämlich der möglichst vollkommene Abglanz des absoluten göttlichen Wesens in der Form der Abhängigkeit und Bedingtheit.

Welche hohe und edle Bedeutung bekommt von diesem Gesichtspunkte aus betrachtet das alltägliche Thun und Treiben der Weltmenschen, wenn es von dem Gedanken belebt und getragen wird: der Mensch soll kämpfen und arbeiten, weil ohne die Sicherung und Befestigung der physischen Existenz die reale Darstellung der Idee desselben nicht möglich ist. Wie manches Strafgesetzbuch würde überflüssig werden, wenn die Menschheit, von echt sittlichem Geiste beseelt, in ihrem Ringen nach den Mitteln des Genusses diesen nicht als Zweck und Ziel, sondern nur als Mittel zur Verwirklichung ihrer Idee betrachten würde.